westermann

W0105584

EinFach
Deutsch

Arno Geiger

Unter der Drachenwand
... verstehen

Erarbeitet von
Timotheus Schwake

Herausgegeben von
Johannes Diekhans
Michael Völkl

Bildnachweis

|akg-images GmbH, Berlin: 93.1, 95.1, 99.1; Sammlung Berliner Verlag / Archiv 71.1. |Das Bundesarchiv, Koblenz: Bild 146-1978-013-14 / o.Ang. 38.1. |Picture-Alliance GmbH, Frankfurt/M.: dpa-infografik GmbH 92.1; dpa/Burgi, Arno 106.1; dpa/Pk-Gerhard_Gronefeld 61.1; dpa/Rumpenhorst, Frank 103.1; imageBROKER/Rosseforp 69.1; imageBROKER/ Siepmann, Martin 1.1, 1.2, 21.1. |Shutterstock.com (RM), New York: Warner Bros/Kobal 97.1. |Stadtarchiv Darmstadt, Darmstadt: Best.53 Nr. 10030 53.1. |Süddeutsche Zeitung - Photo, München: SZ Photo/Scherl 51.1. |ullstein bild, Berlin: 87.1, 91.1.

Wir arbeiten sehr sorgfältig daran, für alle verwendeten Abbildungen die Rechteinhaberinnen und Rechteinhaber zu ermitteln. Sollte uns dies im Einzelfall nicht vollständig gelungen sein, werden berechtigte Ansprüche selbstverständlich im Rahmen der üblichen Vereinbarungen abgegolten.

westermann GRUPPE

© 2020 Westermann Bildungsmedien Verlag GmbH, Braunschweig, www.westermann.de

Druck A[1] / Jahr 2020
Alle Drucke der Serie A sind im Unterricht parallel verwendbar.

Umschlagbild: Picture-Alliance GmbH: imageBROKER/Siepmann, Martin

Druck und Bindung: Westermann Druck GmbH, Braunschweig

ISBN 978-3-14-**022704**-9

Inhaltsverzeichnis

An die Leserin und den Leser

Liebe Leserin, lieber Leser,

am 8. Mai 1945 endete mit der Kapitulation Hitler-Deutsch-lands der Zweite Weltkrieg (1939 – 1945), der weit über 50 Millionen Menschen das Leben kostete, der mit dem Holocaust das wohl grausamste Menschheitsverbrechen aller Zeiten beinhaltete und daher zu Recht als eine der größten Katastrophen in der Geschichte der Menschheit gilt. Es ist nachvollziehbar, dass sich in der Nachkriegszeit zahlreiche Dichter und Denker mit den Geschehnissen im Dritten Reich literarisch-künstlerisch, aber auch philosophisch auseinandersetzten. Man denke nur an Autoren und Autorinnen wie Heinrich Böll, Günter Grass, Siegfried Lenz, Hans Magnus Enzensberger, an Friedrich Dürrenmatt, Nelly Sachs oder auch Walter Kempowski. So unterschiedlich sich diese Dichter und Dichterinnen auch in Thema, Stil und Fabel dem Krieg als Erzählgegenstand näherten, ihnen allen gemein war die eindeutige Verurteilung des Krieges als menschenfeindlicher und inhumaner Zustand. Das ist keine Selbstverständlichkeit, denn nur wenige Jahrzehnte vor dem Beginn des Zweiten Weltkriegs feiern jungen Autoren wie Ernst Jünger („In Stahlgewittern") den vorbildhaften Heldentum des Soldaten, der im Krieg zu sich selbst findet. Jüngers Kriegsbegeisterung nährt sich aus der fatalen Vorstellung des Krieges als einer Art „Schmiede", die dafür Sorge trage, dass alles kulturell Überflüssige durch eben diesen Krieg abgetragen werde und als Ergebnis das ursprünglich Menschliche übrig bleibe. Der Krieg trage dazu bei, dass die faule zivilisatorische Ordnung zerstört und ein neuer Anfang der nun „gereinigten" Gesellschaft möglich werde. Auch wenn Jüngers gefährlich-naive Kriegsver-herrlichung von den Nationalsozialisten gefeiert wurde und der Autor in konservativen Kreisen bis heute z. T. einen guten Ruf genießt, ist seine unkritische Verklärung des

Krieges heute im Grunde eine inakzeptable Minderheiten-
position. Von Jünger gepriesene Werte wie Vaterlandslie-
be, Kampfgeist und Kampfeslust, Kameradschaft, Gefolgschaft und Gemeinschaftserlebnis finden sich in der Literatur und im Wertekanon der Dichter nach 1945 zu Recht
kaum noch. Vielmehr wird der zerstörerische, traumatisie-
rende Einfluss des Krieges auf den einzelnen Menschen in
den Blick genommen und betont. Über die Unmenschlichkeit des Krieges herrscht im Kern bis heute Einigkeit.

Warum also veröffentlicht ein österreichischer Dichter wie
Arno Geiger, geboren 1968, im Jahr 2018 einen Roman über
das Leben ganz normaler Menschen in der Endphase des
Zweiten Weltkriegs? Ist über das Grauen des Krieges, über
den Wahn und den Hass, über die unmenschlichen und andauernden Folgen des Krieges für das Individuum nicht
längst schon alles gesagt?

Geigers Antwort lautet Nein. Und es ist Ihre Aufgabe, liebe
Leserin und lieber Leser, dieses Nein während und nach Ihrer Lektüre des Romans „Unter der Drachenwand" einer
Prüfung zu unterziehen. Für den österreichischen Dichter,
in der letzten Dekade mit Auszeichnungen und Preisen für
sein Werk überhäuft, ist die Beschäftigung mit dem Krieg
und seinen Auswirkungen auf das Individuum ein Mensch-
heitsthema. Diesem nähert sich Geiger mehrdimensional,
denn sein Roman ist mehr als nur ein weiterer Antikriegsroman, der uns viele Jahrzehnte nach Beendigung des letzten großen Krieges in Europa aus historischer Perspektive
erklären will, wie grausam und menschenverachtend sich
der Zweite Weltkrieg darstellte. Natürlich ist „Unter der
Drachenwand" zuerst ein solcher **Antikriegsroman**. Indem Geiger keinen mit Tapferkeitsorden ausgezeichneten
Helden porträtiert, sondern dem Leser bzw. der Leserin einen einfachen, von fünf furchterregenden und ernüchern-
den Jahren an der Front desillusionierten Wehrmachtssoldaten vorstellt, macht er deutlich, worin seine unmissver-

ständliche Kritik besteht: In den Tagebuchaufzeichnungen und Briefen Veit Kolbes, des literarischen Protagonisten und „Antihelden" des Romans, blickt dieser unbestechlich, klar und auf Grundlage seiner eigenen Erfahrungen und Biografie auf die Realitäten des Krieges. Veit Kolbe durchschaut die Absurdität der organisierten und technisch perfektionierten Vernichtung des Menschen durch den Menschen. Er prangert den Krieg immer offener an und sehnt sich nach Frieden als menschenkonformer und -freundlicher Existenzweise. Aus historischer Perspektive gibt Geiger somit einen Einblick in das bedrohte Leben der Menschen in einer vergangenen Epoche. Durch die Figur Veit Kolbe mit seiner persönlichen Überlebensstrategie am Mondsee lernt der Leser bzw. die Leserin, wie Menschen es damals geschafft haben, das Grauen zu überwinden, nicht deformiert zu werden, Menschen und menschlich zu bleiben. Das allein ist des Erzählens wert.

Aber dabei bleibt Geiger nicht stehen. Sein fast 500 Seiten umfassender Text ist zugleich ein **Gesellschaftsroman**. Darunter versteht man ein literarisches Genre, in dem das gesellschaftliche und soziale Leben des Menschen mitsamt seiner Wechselwirkung mit Natur, Umwelt und Gesellschaft beschrieben wird. Veit Kolbe kann zwar im Laufe seines Fronturlaubs bzw. seiner Genesungszeit die unmittelbare Lebensbedrohung durch die Kriegshandlungen an der Front hinter sich lassen, er bleibt jedoch Teil der faschistischen Gesellschaft und muss sich mit Menschen auseinandersetzen, die für seine Existenz ähnlich gefährlich sind wie die tödlichen Waffen der Roten Armee. So trifft er unter der Drachenwand auf die bösartig-übellaunige Quartierfrau, die ihm und Margot, seiner späteren Geliebten, jeweils ein Zimmer vermietet und ihn schnell als Drückeberger einstuft und ihm misstraut. Viele weitere Figuren treten als Funktionsträger der Gesellschaft in Erscheinung: Die Lehrerin, der er anfangs den Hof macht und die ihn abblitzen lässt; sein

Onkel, der Postenkommandant, der weniger an den Welt-
herrschaftszielen der faschistischen Diktatur denn an Zigaretten interessiert ist, oder der Gärtner, der sich bald als
Feind des Systems zu erkennen gibt und zu dem Veit Kolbe
eine tiefe Freundschaft aufbaut. Liest man „Unter der Drachenwand" als Gesellschaftsroman, so wendet man als Leser bzw. Leserin seinen Blick primär auf die Funktionsme-
chanismen des faschistischen Systems, das v. a. aus gegen-
seitiger sozialer Kontrolle seine Stabilität erhält. Kolbe
entzieht sich dieser immer öfter, indem er sich auf Spaziergängen mit Margot und deren Kind in die Natur zurückzieht
oder indem er im Schutz des Gewächshauses tiefschürfen-
de Gespräche mit dem Brasilianer führt, welche die Inhumanität des Krieges entblößen helfen. Dabei geht der Gesellschaftsroman über die bloße historische Darstellung
sozialer und politischer Mechanismen hinaus, denn er zeigt
zugleich zeitgenössische Zustände und Entwicklungen auf.
Auch heute noch geht es um die Frage, inwieweit der Einzelne den Imperativen (Befehlen) der sozialen Systeme Folge
leisten muss und welche Konsequenzen man in Kauf nehmen wird, wenn man sich diesen verweigert. Denn auch
wenn es Veit Kolbe im Verlauf seiner Rekonvaleszenz (Erholung, Genesung) am Mondsee gelingt, innerlich unabhän-
gig, reifer, selbstbewusster und gesünder zu werden, so
muss er doch am Ende einsehen, dass der Krieg größer ist
als er selbst und der einzelne Mensch abhängig ist von den
gesellschaftlichen und politischen Verhältnissen: Er wird
wieder eingezogen und muss erneut kämpfen.
Legt man den Fokus stärker auf den einzelnen Menschen,
auf das Individuum, kann Geigers Roman „Unter der Drachenwand" auch als **Bildungs- und Entwicklungsroman**
gelesen werden. Die Gattung des Bildungsromans entstand Ende des 18. Jahrhunderts in Deutschland und thematisiert die biografische Entwicklung einer meist jungen
Hauptfigur. Mit seinen 24 Jahren – die letzten fünf davon

hat er ununterbrochen an der Kriegsfront verbracht – ist Geigers Protagonist Veit Kolbe eine solche Figur. Kolbe durchlebt eine Entwicklung, die von seinem Verhältnis zu der Umwelt und den verschiedenen Lebensbereichen bestimmt wird. Hier macht der Held konkrete Erfahrungen, die ihn allmählich wachsen und reifen lassen. Im idealtypischen Bildungsroman – man denke an Goethes „Wilhelm Meister" – endet die Entwicklung des Protagonisten in einem harmonischen Zustand des Ausgleichs mit der Umwelt, der Held versöhnt sich am Ende mit der Welt. Hier liegen die Grenzen der Zuordnung von Geigers Roman, denn Veit Kolbes Entwicklung verläuft eher gegenläufig. Hat er als ganz junger Mensch – gerade mit dem Abitur versehen – noch nicht die notwendige geistige Reife und Widerstandskraft erworben, so ist es ihm nach den fünf Jahren an der Kriegsfront und dem einen Jahr in der Scheinidylle am Mondsee unter der Drachenwand möglich, die Falschheit des Systems zu erkennen und zu benennen. Kolbe hofft am Ende nicht auf seine Integration in das bestehende System, sondern auf das schnellstmögliche Ende eben dessen. Er will sich „vom Fluch der Geschichte befreien" (S. 460)[1] und „endlich ein eigenes Leben" besitzen (S. 469).

Solange das System besteht – darüber ist sich Geigers Hauptfigur im Klaren –, kann es nur darum gehen, zu überleben und zu erkennen, wer und was dem Menschen dabei behilflich sein kann. An dieser Stelle wird „Unter der Drachenwand" als **Liebesroman** lesbar. Denn zur körperlichen, v. a. psychischen Gesundung Veit Kolbes am Mondsee trägt insbesondere die junge Darmstädterin Margot bei. Sie wohnt direkt neben dem Zimmer Veit Kolbes und zwischen beiden entwickelt sich langsam eine tiefe und die

---

[1] Sämtliche Stellenangaben beziehen sich auf die im Literaturverzeichnis aufgeführte Textausgabe des dtv Verlags.

Figuren verändernde Liebesbeziehung. Zu Beginn des Jahres 1944 versteht sich Veit Kolbe selbstkritisch als „abgenagtes Stück Herz" (S. 23), der Krieg hat ihn sämtlicher Illusionen beraubt und entmenschlicht: „Ich stand da wie ausgebombt." (S. 12) Genau in diese Leere und Verlassenheit (vgl. S. 205), in das Kolbe erschütternde seelische Vakuum, stößt die Liebe der jungen Frau aus dem hessischen Darmstadt. Sie verändert Kolbe, der merkt, „dass ich in meiner Angst nicht allein" (S. 468) war, und der sich „fürs Erste geborgen" (S. 470) fühlt. Am Schicksal Veit Kolbes lernt der Leser bzw. die Leserin, dass der Mensch zum Glück seinen Mitmenschen braucht, dessen Zuneigung, Zärtlichkeit, Aufmerksamkeit und Liebe.

Wie auch immer Sie als Leser und Leserin den Roman Arno Geigers für sich deuten, der vorliegende Band aus der Reihe „EinFach Deutsch ... verstehen" möchte Ihnen dabei helfen, einen tiefer gehenden Einblick in den von der Kritik hochgelobten Roman zu gewinnen.

Viel Freude beim Lesen, Denken und Philosophieren wünscht Ihnen

Timotheus Schwake

Der Inhalt im Überblick

In Arno Geigers 2018 erschienenem Roman „Unter der Drachenwand" geht es vor allem um den 24-jährigen Wehrmachtssoldaten Veit Kolbe aus Wien, der 1944 an der Ostfront so schwer verletzt wird, dass er für nahezu ein ganzes
Jahr zur Genesung und Rekonvaleszenz an den Mondsee
geschickt wird. Was Kolbe hier in der scheinbaren Idylle
des Salzkammerguts am Fuße eines majestätisch aufra-
genden Berges, der Drachenwand, erlebt, bildet den Kern
der Handlung des Romans. Kolbe selbst begreift seine mit-
telschwere Verletzung als die Chance seines Lebens, hat er
doch die letzten fünf Jahre nach seinem Abitur 1939 durch-
gängig an der Kriegsfront verbracht. Der einfache Soldat
hält es angesichts des erlebten Grauens und Todes vieler
Kameraden für ein Wunder, dass er überhaupt noch am Leben ist. Über den Krieg, insbesondere aber über die Recht-
mäßigkeit der deutschen Aggression, gibt sich Kolbe keinen Illusionen mehr hin: Der junge Mann ist über die Jahre
zu einem Kriegsgegner, wenn nicht gar zu einem Pazifisten
gereift. Er hat daher nur noch das eine Ziel: das Kriegsende
möglichst als Zivilist und Rekonvaleszent hinter der Front
abzuwarten, um in kommenden Friedenszeiten ein ganz
normales bürgerliches Leben zu leben, dessen Realisierung ihm die Herrschenden bisher verweigert haben. Nach
einem kurzen, aufgrund der anhaltenden Sympathie seines Vaters für Hitlers politische und ideologische Ziele für
ihn unerträglichen Zwischenstopp in Wien erreicht Kolbe
die scheinbare ländliche Idylle im österreichischen Salzkammergut, den Ort Mondsee, am gleichnamigen See lie-
gend. Sein hier als Dorfpolizist arbeitender Onkel, der sog.
Postenkommandant und naheliegenderweise ein Nationalsozialist, hilft ihm bei seinen ersten Schritten in der neu-
en Heimat, er besorgt seinem Neffen ein Zimmer, das allerdings kalt und schimmlig ist. Und zwar bei einer bösartigen

Protagonist:
24-jähriger
Soldat namens
Veit Kolbe

Verwundung
und Rekon-
valeszenz als
Überlebens-
chance

Wird zum
Kriegsgegner

Konflikte mit
Vater

Hilfe durch
den Onkel

Probleme mit
neuer
Vermieterin

Vermieterin, der Quartierfrau, die sich schnell als glühende Verehrerin Hitlers zu erkennen gibt und Kolbe schon bald für einen Drückeberger hält, der seinem Vaterland viel besser an der Kriegsfront helfen könnte. Kolbes Alltag besteht daher in den ersten Wochen nach seiner Ankunft aus längeren Spaziergängen in der unversehrten Natur und dem Tagebuchschreiben. Das Tagebuch wächst dem Ich-Erzähler immer mehr ans Herz. Hierin notiert er seine Gedanken und Reflexionen über Vergangenes, Gegenwärtiges und Zukünftiges. Im Tagebuchschreiben vergewissert sich der Wehrmachtssoldat seiner selbst. Auch versucht er hier, sich seinen Ängsten zu stellen. Kolbe wird in regelmäßigen Abständen von Angstanfällen heimgesucht, die ihm kurzzeitig die Kontrolle über seinen Körper entziehen. Verzweifelt versucht der verängstigte junge Mann, den Anfällen mithilfe der Nazi-Wunderpille Pervitin Herr zu werden. Die Nazis hatten das 1938 auf den Markt kommende Medikament schnell für ihre Zwecke vereinnahmt und gaben die euphorisierende, muntermachende Droge, heute bekannt als Methamphetamin oder auch Crystal Meth, an ihre kämpfenden Soldaten weiter. Schnell wurden diese – wie auch Veit Kolbe – abhängig von der beschönigend „Panzerschokolade" genannten Droge, deren Nebenwirkungen sich auch an Geigers Protagonisten zeigen: Kolbe leidet unter Schwindelanfällen, Schweißausbrüchen, Wahnvorstellungen und leichten Depressionen. Aus diesen hilft ihm ein 13-jähriges Mädchen aus einem nahe liegenden Mädchenlager namens „Schwarzindien". Die lebensfrohe und mutige Nanni Schaller kümmert sich bei einer Zufallsbegegnung in rührender Weise um den zitternden jungen Soldaten und gibt ihm naiv-liebenswerte Ratschläge. Kolbe lernt weitere Einwohner des Dorfes kennen: eine Lehrerin, die ihn abblitzen lässt, den Bruder seiner Vermieterin, der sich als Pazifist und von Brasilien träumender Kriegsgegner zu erkennen gibt, sowie eine junge, aus Darmstadt stammen-

Marginalia:

Tagebuchschreiben als Haupttätigkeit

Kampf gegen Angstanfälle und Trauma

Drogensucht durch Nazi-Wunderpille

Hilfen durch:

• Nanni Schaller

de Mutter namens Margot, die im gleichen Haus wie er • Margot Neff
selbst lebt. Die Geschichte Veit Kolbes nimmt in dem Moment an Fahrt auf, in dem sich die beiden jungen Menschen ineinander verlieben und beginnen, mehr Zeit miteinander zu verbringen. Kolbe wird durch den sich entwickelnden Alltag mit Margot und deren Baby zurück in das normale Leben gezogen. Seinen ursprünglichen Plan, das Kriegsende ohne größere soziale Kontakte in Mondsee abzuwarten, legt er nun schnell ad acta. Margots Liebe, Zuneigung und Zärtlichkeit holen ihn zurück ins Leben. Zu dritt beginnen die drei körperlich und seelisch verletzten Menschen, sich eine kleine Oase in Zeiten des Krieges einzurichten. Häufig treffen sie sich nun in dem Gewächshaus des Brasilianers, jenes besagten Bruders der Quartierfrau Trude Dohm, der ihnen sympathisch ist und dessen gärtnerische Tätigkeiten sie übernehmen, als dieser für ein halbes Jahr wegen antifaschistischer Äußerungen ins Gefängnis muss. Die Freundschaft zum „Brasilianer" geht für Veit so weit, dass er sogar • Brasilianer
seinen eigenen Onkel erschießt, um dem Gärtner die Flucht vor erneut drohender Verhaftung und wahrscheinlicher Ermordung zu ermöglichen. Auch wenn es Veit Kolbe durch Erneute
Geschick und Betrug zwischenzeitlich gelingt, seine Einbe- Einberufung
rufung zur Wehrmacht aufzuschieben, kann er sie letztend- zur Wehrmacht
lich nicht verhindern: Wenige Monate vor Kriegsende, knapp ein Jahr nach seiner Ankunft in Mondsee, wird er erneut eingezogen. Doch Kolbe ist nicht mehr das seelische und körperliche Wrack, als das er ein Jahr zuvor im Salzkammergut gestrandet ist. Er ist nun selbstbewusst Happy End:
und lebensfroh, er hofft auf den baldigen Frieden und ein Kolbe überlebt
gemeinsames bürgerliches Leben mit Margot. Wie der Herausgeber am Ende des Romans informiert, werden seine Träume in Erfüllung gehen.
Die Briefe und Tagebuchaufzeichnungen Veit Kolbes, die Drei weitere
den Schwerpunkt der Romanhandlung ausmachen, wer- Briefeschreiber:
den durch jeweils drei Briefe von drei weiteren Figuren, die Margots Mutter
aus Darmstadt

nicht in Mondsee leben, unterbrochen: So schreibt Margots Mutter Lore Neff anrührende Briefe aus Darmstadt, einer südhessischen Großstadt, die am Ende des Zweiten Weltkriegs besonders unter den Flächenbombardements der Alliierten zu leiden hatte. Ihre im naiv-schnoddrigen Ton verfassten Briefe sorgen dafür, dass das Grauen der Luftangriffe Einlass im kleinen Mondsee findet. Ihre Briefe sind zugleich Ausdruck der Liebe und Sorge einer Mutter, die ihrer Tochter Margot mal mahnend-kritische, mal zärtliche Überlebensratschläge erteilt.

Kurt Ritler schreibt Liebesbriefe an Nanni

Daneben finden sich anrührende Liebesbriefe eines gewissen Kurti – Kurt Rittler –, die dieser an die bereits erwähnte 13-jährige Nanni an den Mondsee schreibt. Seine ebenfalls verliebte Cousine Nanni schreibt ihm leidenschaftlich zurück, doch die Briefe werden abgefangen und die Korrespondenz durch Eltern und Lehrerin beendet. Es ist Kolbe selbst, der von dem Ende dieser Liebe als Erster weiß und der es sich nicht nehmen lässt, dem jungen, desillusionierten Soldaten seine Briefe zurückzubringen. Zum Schluss endet dessen Leben wie das so vieler junger Menschen in der Endphase des Zweiten Weltkriegs mit dem viel zu frühen Tod an der Front.

Oskar Meyer erzählt von Verfolgung und Ermordung der Juden

Eine Ausnahmestellung nehmen die drei Briefe des Zahntechnikers Oskar Meyer ein, einem aus Wien stammenden Vater einer jüdischen Familie. In drei immer verzweifelter werdenden Briefen schildert er den am Ende vergeblichen Versuch seiner Familie, den Verfolgungen durch die Nationalsozialisten zu entkommen. Anfangs drücken die Briefe des stets um Frau und Kinder besorgten Wiener Juden noch die Hoffnung aus, den Krieg zu überleben. Daher schlägt er auch die Gelegenheit, nach Ghana zu emigrieren, um dort als Zahntechniker zu arbeiten, aus. Ein fataler Fehler, wie sich bald herausstellen wird. Auch die Entscheidung, von Wien aus nach Budapest zu flüchten, entpuppt sich schon bald als tragischer Fehler, denn in der europäischen Kulturmetropole wird der Verfolgungsdruck durch die Nazis immer größer. Meyer, von Selbstvorwürfen geplagt, verliert Frau und ein Kind, die offenbar Opfer des Holocausts werden. Ende des Jahres 1944 meldet er sich freiwillig für Schanzarbeiten. An der Donau trifft er für einen kurzen Augenblick auf den zurück nach Mondsee reisenden Veit Kolbe, der angesichts des Todesmarsches[1] für viele Juden in diesem Augenblick Mit- und Schuldgefühl empfindet.

---

[1] Als Todesmarsch werden erzwungene Märsche von Personengruppen bezeichnet, bei denen der Tod der Marschierenden billigend in Kauf genommen wird oder sogar das Ziel ist. Betroffene starben häufig an Entkräftung, Hunger oder offener Gewalteinwirkung.

Die Personenkonstellation

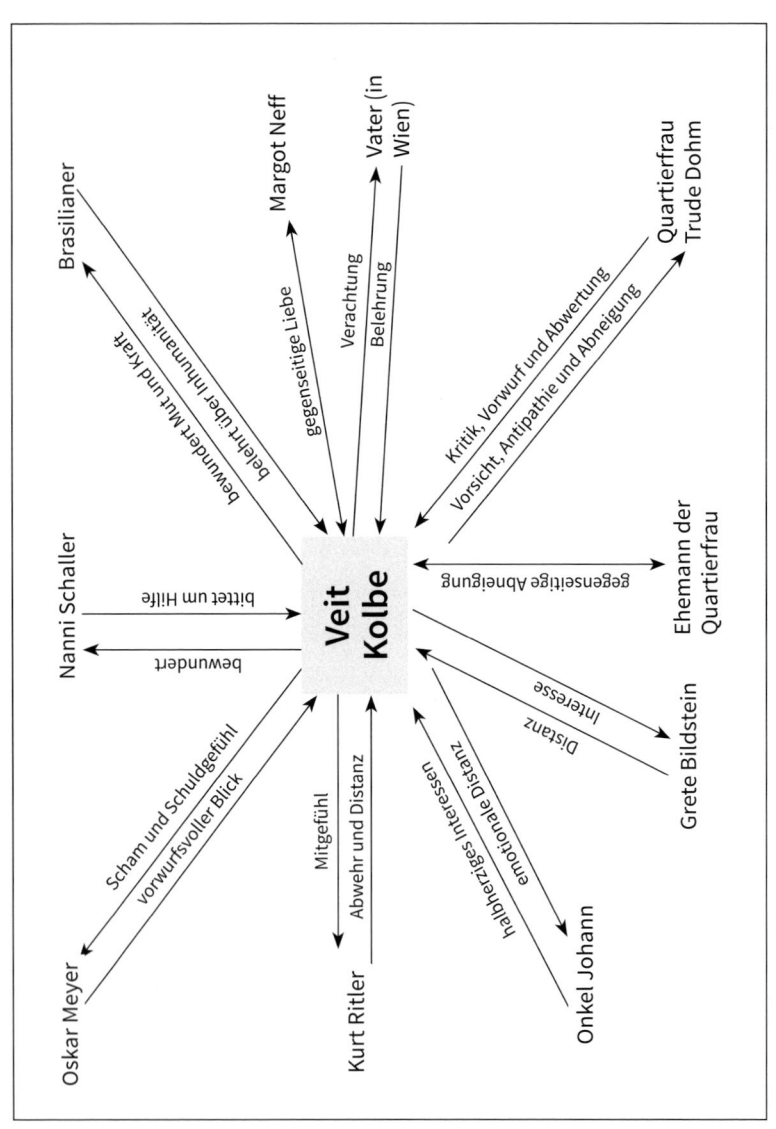

Inhalt, Aufbau und erste Deutungsansätze

Im Himmel, ganz oben (S. 7 – 21)

Der Roman „Unter der Drachenwand" beginnt mit dem Satz „Im Himmel, ganz oben, konnte ich einige ziehende Wolken erkennen, und da begriff ich, ich hatte überlebt." (S. 7) Schon mit diesem Einstieg wird der Leser bzw. die Leserin direkt in die Handlung hineingezogen. Ein Ich-Erzähler befindet sich in einer lebensbedrohlichen Situation, die er gerade so überlebt hat. Bei dem Ich-Erzähler handelt es sich – wie der Leser bzw. die Leserin im Laufe des ersten Kapitels erfährt – um den 24-jährigen einfachen Wehrmachtssoldaten Veit Kolbe, den eine schwere Kriegsverletzung „zur Seite geschleudert" (S. 7) hat. Darüber ist der Soldat froh: „Das unbeschreibliche, mit nichts zu vergleichende Gefühl, das man empfindet, wenn man überlebt hat." (Ebd.) Fünf ununterbrochene Jahre an der Front haben den jungen Menschen desillusioniert; aus eigener Anschauung hält er den Krieg für eine blutige und unverständliche „Raserei" (S. 8), aber seinen Lebensmut, ja seine Lebensgier hat er darüber nicht verloren: „Was kann es Besseres geben, als am Leben zu sein?" (Ebd.)

Der Ich-Erzähler Veit Kolbe berichtet nun von seinem Alltag als Soldat an der Front und davon, wie er sich seine Kriegsverletzung zugezogen hat. Er lässt dabei keinen Zweifel an seiner Einstellung zum Krieg, als dessen „Essenz" (S. 10) er das Wimmen, Stöhnen und den Geruch unzureichend versorgter Wunden hält (vgl. ebd.). Schon auf den ersten Seiten macht Arno Geigers Protagonist deutlich, um was es ihm geht: Veit Kolbe möchte erzählen, was geschehen ist, er möchte – wie alle anderen Soldaten auch – seine Geschichte loswerden. Darin liegt seine Hoffnung: „Vielleicht, wenn man die eigene Geschichte erzählt, findet sie eine

Der erste Satz geht gleich in medias res

Lebensgier und -mut

Kritik am Krieg

Methode: Erzählen

Fortsetzung." (S. 11) Deshalb berichtet er detailliert von den lebensrettenden Operationen, denen er sich unterziehen musste. Er erinnert sich an seine früh verstorbene Schwester Hilde und lässt keinen Zweifel an seinem desaströsen körperlichen und seelischen Zustand: Seine Wunden eitern und heilen nicht, und er steht da „wie ausgebombt" (S. 12). Schon in der Exposition des Romans – also ganz am Anfang – wird deutlich, dass Veit Kolbe anders

Kritik am Führer und dem Nationalsozialismus

als die große Mehrheit aller Deutschen im Dritten Reich (1933 – 1945) kein glühender Verehrer der Nationalsozialisten und Adolf Hitlers ist. So weigert er sich, den Namen des deutschen Führers auszuschreiben und notiert stattdessen ein bloßes „F." für „Führer". Auch reicht er Zigarettengeschenke Hitlers und Keitels[1] weiter, „denn ich legte keinen Wert auf Zigaretten von F. und von Keitel" (S. 15). Einen Tapferkeitsorden legt er gleich nach dessen Erhalt wieder ab (vgl. S. 15 f.). Für den jungen Soldaten sind die vielfältigen Eindrücke im Lazarett wichtiger: Eindrücklich beschreibt er das Leid der Verletzten, einem „Hauptmann hatte man den rechten Arm zur Gänze in den Müll geworfen […]" (S. 16). Kolbe lässt in seinen detailreichen Beschreibungen kein gutes Haar am Krieg, seine Zeit an der Front nennt er „die fünf verlorenen Jahre" (S. 17). Um möglichst schnell aus der Gefahrenzone zu kommen, stellt Kolbe einen Antrag auf „Überstellung in ein Heimatlazarett" (S. 18).

Rückkehr in die Heimat: Wien

Für kurze Zeit landet er im Saarland, wo er nur mit Glück einem Angriff britischer Bomber entgeht. Am Ende des ersten Kapitels fährt der Leser bzw. die Leserin, dass Kolbe mit dem Zug in seine Heimatstadt Wien einfährt.

---

[1] Wilhelm Keitel (1882 – 1946): deutscher Heeresoffizier, enger Vertrauter von Hitler und Kriegsverbrecher

Die Ausgangssituation des Romans

Der Protagonist Veit Kolbe …

- ist ein 24-jähriger einfacher Wehrmachtssoldat.
- ist nach fünf Jahren an der Front verletzt an Leib und Seele.
- leidet unter Panik- und Angstattacken.
- sieht den Krieg aus eigener Erfahrung mittlerweile kritisch.
- ersehnt Rekonvaleszenz und Heimaturlaub.
- steht Hitler und dem NS-Regime kritisch gegenüber.

Seit meinem letzten Aufenthalt (S. 22 – 31)

Zurück in seinem Elternhaus in Wien, muss Kolbe feststellen, dass es „ein anderes ist als dasjenige, das er verlassen hat" (S. 22). Zu seiner Mutter gelingt es ihm nicht, ein emotionales Verhältnis aufzubauen. Weitaus komplexer und schwieriger stellt sich Kolbes Beziehung zu seinem Vater dar, der seinem Sohn gute Ratschläge, „alles hirnverbrannte Ideen" (ebd.), gibt, die dieser ob ihrer dumpfen, unreflektierten Verherrlichung des Krieges kaum zu ertragen in der Lage ist. Er empfindet es als Strafe, den Naziparolen seines Vaters am Küchentisch zuhören zu müssen (vgl. S. 23). Es ist daher kein Wunder, dass Kolbe sich so oft wie möglich in sein Kinderzimmer zurückzieht. Fassungslos muss er bemerken, dass sich seit seinem Einzug zum Militärdienst vor mehr als fünf Jahren in seinem Zimmer kaum etwas verändert hat, selbst die Schulbücher liegen noch im Schreibtisch. Diese Eindrücke führen zu einer Einschätzung der letzten Jahre, die Kolbe noch zahlreiche weitere Male wiederholen wird: Der Krieg habe ihm der Chance beraubt, ein Studium an der Technischen Hochschule aufzunehmen und ein bürgerlich-ziviles Leben zu führen. Stattdessen empfindet er sich als ein vom Krieg „abgenagtes Stück Herz" (S. 23) und ist sich sicher, dass er die verlorene Zeit auch nach dem Krieg „nicht aufholen" (ebd.) wird. Auch die idyllischen Familienbilder an der

Schwierige Beziehung zu seinem Vater

Trauer über verlorene Lebenszeit und Pläne

Traumatische
Erinnerung an
früh verstorbene
Schwester Hilde

Wohnzimmerwand in seinem Elternhaus kann Kolbe kaum noch ertragen, zeigen sie doch seine inzwischen längst verstorbene Schwester Hilde und ihn selbst: „Die Bilder hatten am Familienleben teilgenommen, ich am Krieg." (S. 24) Es wird offensichtlich, dass der frühe Tod seiner geliebten Schwester ein Trauma bei Kolbe hinterlassen hat. Er macht sich Vorwürfe, dass er selbst leben durfte, während Hilde sterben musste: „Ich, der ich leben darf, weiß damit nichts anzufangen." (S. 25) Dieses Schuldgefühl wird Kolbe noch länger verfolgen. Im Zuge seines Aufenthalts in Wien wird dem jungen Kriegsverletzten ein mehrmonatiger Genesungsurlaub gewährt, der Antrag auf Aufnahme eines Studiums jedoch abgelehnt. Auch dies trägt dazu bei, dass Kolbe sich in Wien nicht mehr wohlfühlt: „Von Militärs waren die Straßen voll, was mich in meiner Liebe zu Wien

Konfrontation
mit nazitreuem
Vater

auch nicht grad bestärkte." (S. 27) Erneut kommt es zu einer Konfrontation mit seinem Vater, der den Krieg weiterhin für notwendig hält, was bei seinem Sohn nur „Bitterkeit" (S. 28) hervorruft. Kolbe macht unmissverständlich und unter Verzicht auf jegliche Form der Diplomatie deutlich, dass er „jetzt genug von dem Irrsinn" (ebd.) habe. Dadurch verhärten sich die emotionalen Fronten in der Familie und Kolbe wird klar: „Ich hatte den Irrsinn an der Front mit dem Irrsinn der Familie vertauscht." (S. 29) Er be-

Abreise nach
Mondsee durch
Hilfe von Onkel
Johann

schließt, aus Wien und von seiner Familie zu fliehen. Zufällig kommt das Gespräch auf seinen Onkel Johann, einen Postenkommandanten (Polizisten) in Mondsee am Fuße eines großen Berges namens Drachenwand. Kolbe beschließt, seine Rekonvaleszenz in der ländlichen Idylle des Salzkammerguts fortzuführen und sich „in eine friedlichere Welt" (ebd.) zu begeben. Glücklicherweise ist sein Onkel bereit, dem Neffen in Mondsee ein kleines Zimmer zu besorgen, und so verlässt der junge Soldat schon bald seine Heimatstadt. Am Vormittag des Neujahrstags 1944 macht er sich auf den Weg in das Salzkammergut.

Eine halbe Fahrstunde von Salzburg (S. 32 – 48)

An den Ufern des Mondsees trifft Veit Kolbe in dem gleichnamigen Ort ein. Sofort fällt ihm die Drachenwand ins Auge, eine über 1000 Meter in die Höhe ragende Felswand am Fuße des Sees, die dem Roman seinen Namen gibt. Am Bahnhof wird Kolbe von seiner Vermieterin, der Quartierfrau Hilde Dohm, abgeholt, die ihn abweisend behandelt. Auch vom Zustand seines Zimmers zeigt er sich nicht erfreut, ein schaler „süßlicher Geruch nach totem Tier stieg

Abweisendes Verhalten der Vermieterin

Die eindrucksvolle Drachenwand am Fuß des Mondsees gibt es wirklich.

aus den Tiefen der Matratze herauf" (S. 34). Zum Unwohlsein tragen die äußerst niedrigen Temperaturen im Zimmer, das wütende Bellen eines Hundes sowie ein erster Angstanfall bei. Wie sich noch zeigen wird, leidet der Verwundete nicht nur äußerlich an einer Oberschenkelfraktur, sondern seine gesamte Persönlichkeit und Psyche hat in den fünf Kriegsjahren massiven Schaden genommen. Heute würden wir wohl sagen, dass Kolbe an einer posttraumatischen Belastungsstörung leidet. Darunter versteht man eine psychische Erkrankung, der ein oder mehrere belastende Ereignisse von außergewöhnlichem Umfang oder katastrophalem Ausmaß vorangehen und die sich in einer vegetativen Übererregbarkeit, dem Wiedererleben traumatischer Erinnerungen (Flashbacks) und einem Gefühl emotionaler Taubheit äußern kann. Bei Kolbe äußert sich die-

Posttraumatisches Belastungssyndrom

ser „emotionale Alarmzustand" (S. 34) in Schweiß- und Herzattacken, die ihn in Panik versetzen.

Besuch beim Onkel

Der Soldat nutzt seinen ersten Tag, um seinen Onkel zu besuchen und ihm Wein und zwei Packungen Zigaretten zu schenken. Vor allem Letzteres versetzt den Onkel in so gute Stimmung, dass er sich diese auch nicht von den kriegskritischen Aussagen seines Neffen verderben lässt. Auch wenn der Ich-Erzähler keinen Zweifel daran lässt, dass sein Onkel Johann ein linientreuer Nationalsozialist ist, verschweigt er auch nicht die guten Seiten des Verwandten, der sich z. B. um den viel zu schwachen Ofen in Veits Zimmer kümmert.

Nachbarin Margot aus Darmstadt weint

Neben dem Onkel als seinem ersten Kontakt in der neuen Umgebung trifft Kolbe, der sich mit öffentlichen Auftritten zurückhält, im weiteren Verlauf auf seine Nachbarin, die junge Mutter Margot aus Darmstadt. Sie wohnt direkt neben Kolbe und aufgrund der dünnen Wände hört er im Nebenzimmer ihr Weinen. Schnell kommen die beiden in Kontakt, Kolbe hilft ihr sogar beim Versorgen des Babys und bei einer Erkrankung. Sie ist wie Kolbe selbst sehr froh darüber, dass es gelingt, einen neuen Ofen für die Etage anzuschaffen und die Wohntemperatur somit deutlich wärmer zu halten. Denn Kolbe ist finanziell gut ausgestattet und hat kein Interesse am Sparen. So ist sogar der Erwerb eines neuen Bettes möglich.

Kinderlandverschickung

Nach einem Besuch in einem Wirtshaus, dessen Gäste Kolbe fatalerweise an die Ignoranz und Richtlinientreue seines Vaters erinnern, trifft der Soldat zufällig auf eine Ansammlung von jungen zwölf- und dreizehnjährigen Mädchen, die aus dem gefährlichen Wien auf das Land ziehen. Diese von den Nationalsozialisten vielfach praktizierte Kinderlandverschickung wird von einer Lehrerin organisiert, an der Kolbe schon bald sein Interesse zeigen wird.

Während der neue Ofen (S. 49 – 59)

Nach und nach geht es Veit Kolbe ein wenig besser. Er merkt, wie gut es ihm tut, wieder ein Privatmann zu sein, für sich und die eigenen Belange Zeit zu haben. Kolbe spürt, dass er „wieder zum Leben erwachte" (S. 50). Diese Verbesserung spiegelt sich auch in seinem Sozialleben. Er kommt seinem Onkel näher (vgl. S. 51) und lernt auch die Lehrerin des Mädchenlagers etwas kennen. Besagte Grete Bildstein erweckt sein Interesse, doch die reservierte Frau blockt seine Annäherungsversuche ab. Kolbe entschuldigt sein militärisches Auftreten, das ihren Anstoß erregt, mit der Gewöhnung der letzten Jahre: „Bei mir ist alles Krieg, ich muss mir das abgewöhnen." (S. 53) Als er mit der Lehrerin das Mädchenlager besucht, ereilt ihn erneut eine Panikattacke und der Soldat wird sich bewusst, dass mit ihm etwas „nicht in Ordnung" (S. 58) ist. Das unbeschwerte Lachen der Mädchen, die ihm begegnen, erinnert ihn daran, dass er selbst nur wenig „glückliche Momente" (S. 57) in seinem Leben hatte. Auf seinem Rückweg trifft Kolbe auf seine Mitbewohnerin, die Darmstädterin. Beide bemerken, dass sie sich aufgrund der dünnen Trennwand zwischen ihren Zimmern heimlich, aber ungewollt belauschen können und daher schon viel voneinander wissen. Taktvollerweise verschweigt der Soldat Margot, dass er sie in der Nacht häufig weinen hört. Kolbe ist es wichtig, seine Nachbarin nicht in eine für sie peinliche Situation zu bringen. Er wahrt Abstand und scheut die Begegnung.

Soziale Integration

Die Lehrerin Grete Bildstein weckt sein Interesse

Erneute Panikattacke

Nach einem zweitägigen kurzen Antäuschen (S. 60 – 71)

Als er in den Himmel über seinem neuen Domizil schaut, bemerkt Veit Kolbe „viele feindliche Flieger in der Luft" (S. 61). Der Krieg, so die Botschaft, ist näher, als er denkt, und lässt ihn auch hier, weit hinter der Front, nicht los. Kolbe fühlt sich zur Lehrerin Grete Bildstein hingezogen, doch eine emotionale Annäherung gelingt ihm trotz einiger Be-

Der Krieg lässt Kolbe auch hinter der Front in Mondsee nicht los

Begegnung mit
der kecken
Nanni Schaller

mühungen nicht. Stattdessen kommt Kolbe einem der Mädchen aus Schwarzindien, dem Mädchenlager aus der Landverschickung, näher. Die dreizehnjährige Nanni Schaller begegnet dem Soldaten selbstbewusst und reif. Sie hat im Gegensatz zu ihren Mitschülerinnen keinerlei Berührungsängste. Ungeniert teilt sie Kolbe ihre Pläne mit: Zu Ostern möchte sie mit ihrem Cousin Kurt die Drachenwand ersteigen (vgl. S. 64). Zu Hause wird Kolbe erneut Opfer einer Panikattacke. Er hat das Gefühl, „dass etwas mit mir passiert, und ich kann es nicht beeinflussen" (S. 65). Das ist es, was den jungen Soldaten am meisten stört und ängstigt: dass er keine Kontrolle über sich besitzt, dass ihm jegliche Autonomie verloren geht. Der Soldat reflektiert die Folgen, die ein Anfall für den weiteren Tagesablauf hat, und stellt fest, dass „alles in [s]einem Körper gespeichert" (S. 65) bleibe und es Dinge gebe, „von denen man sich nie ganz erholt, selbst wenn man wieder zum Alltag zurückgekehrt scheint" (ebd.). Auch wenn die kritische Selbstdiagnose durchdacht scheint, hat Kolbe jedoch noch kein Konzept, wie er den Teufelskreislauf von Anfall und Erholung durchbrechen könnte, denn die „Bilder blieben wie ein bitterer Geschmack im Mund zurück" (ebd.).

Reflexion
der eigenen
Erkrankung und
ihrer Folgen

Begegnung im
Gewächshaus:
der Brasilia-
ner ...

Mitten in der Nacht hört Kolbe plötzlich Musik. Diese in Kriegszeiten völlig ungewöhnliche Erfahrung macht ihn neugierig, sodass er sich anzieht und das Haus verlässt. Der Klang der Musik, die ihn an Jazz erinnert, führt ihn zu einem Gewächshaus, das er betritt. Er sieht Beete von Orchideen und trifft schließlich auf einen hageren, hakennasigen Mann, der sich als der Gärtner entpuppt, der vor Jahren aus Brasilien zurückgekehrt ist. Das erste von vielen

... hört Musik

Gesprächen, das die beiden miteinander führen, dreht sich um die Musik Villa Lobos', eines bekannten brasilianischen Komponisten klassischer Musik. Kolbe gesteht dem Gärtner, von allen Dorfbewohnern nur „Brasilianer" genannt, seine Sympathie für die Musik. Den guten Start nutzt dieser, um von seinen positiven Lebenserfahrungen in Brasilien zu berichten, die er mit seinen negativen Eindrücken von seinem Leben im Deutschen Reich vergleicht. So habe er in Brasilien „vor lauter Freude am Leben" (S. 69) keinen Schlaf gefunden, während ihm hier in Österreich das harte Klima und „harte Menschen" (ebd.) am Schlafen hinderten. So baue er eben auch des Nachts Tomaten und Gurken, aber auch Orchideen an. Im Gespräch mit Veit Kolbe offenbart der Brasilianer seine besondere Persönlichkeit: Er ist bekennender Vegetarier, ernährt sogar seinen Hund fleischlos und gibt sich als Pazifist zu erkennen, der den Einsatz von „etwas so Schönem wie einem Flugzeug zum Abwerfen von Bomben völkerrechtlich […] ächten" (S. 70) möchte. Am Ende des Gesprächs bemerkt Kolbe, dass er gerade dabei ist, seine harte „Kriegshaut" (S. 71) abzulegen. Ein erstes Indiz dafür, dass der Einfluss des Brasilianers noch einen bedeutenden Beitrag zur Persönlichkeitsentwicklung des Soldaten leisten wird.

... schwärmt von Brasilien und kritisiert das Deutsche Reich

... ist Vegetarier und Pazifist

In der Früh ertrug ich (S. 72 – 84)

Veit Kolbe erhält Briefe aus Wien. Er liest den Brief seiner besorgten Mutter und bemerkt, dass er selbst „so viel wie noch nie" (S. 73) in seinem Leben schreibt. Die viele Zeit, die ihm jenseits der Front nun zur Verfügung steht, nutzt er, um seinen Gedanken in seinem Tagebuch freien Lauf zu lassen. Kolbe merkt, dass ihm das Schreiben und die stillen Selbstgespräche guttun. Sein weiterer Alltag besteht aus gelegentlichen Treffen mit der Darmstädterin, mit der er kocht und isst und deren Kind er „gerne" (S. 75) betrachtet. Kolbe bemerkt, dass bei diesen Treffen zwei Welten aufeinanderstoßen: „Wo bei mir am Balken die Uniformjacke hing, hing bei der Darmstädterin eine Babywaage […]." (Ebd.)

Kolbe schreibt Briefe und Tagebuch

Zwei Welten stoßen aufeinander

Während Kolbe auf diese Weise seine Tage mit Leben zu füllen versucht, verbringt er seine Nächte im Gewächshaus des Brasilianers, zu dem er eine engere Beziehung aufbaut.

Nächtliche Besuche beim Brasilianer

Dieser erzählt ihm die „Geschichte seines Lebens" (S. 77).

Sehnsucht des
Brasilianers Seine Erzählungen offenbaren die tiefe Sehnsucht nach Brasilien, dem er nur den Rücken gekehrt habe, um seinen Eltern in Mondsee näher zu sein. Doch diese Nähe habe er bitter erkauft mit dem Verlust an „Heiterkeit der Menschen in Rio de Janeiro" (S. 78), dem Leben hier fehle es an „Gelöstheit" und „Unbesorgtheit" (ebd.). Daher sei es für ihn nur eine Frage der Zeit, wann er „in die besonnten Hügel mit Meerblick" (ebd.) zurückkehren werde.

Beim Spazierengehen begegnet Kolbe erneut der Lehrerin Bildstein vom Lager Schwarzindien. Diese berichtet ihm von der Kolbe bereits bekannten Nanni, die ihrem 16-jährigen Cousin Kurt verbotene Liebesbriefe schreibe. Kolbe äußert den Verdacht, dass die Lehrerin ihm diese intimen Geschehnisse erzählt, um die Kränkungen, die sie ihm zugefügt habe, vergessen zu machen. „Und plötzlich tat mir diese große, fleißige, blutleere junge Frau so leid wie ich

Kolbe zeigt
Mitgefühl und
Empathie vermutlich ihr." (S. 79) Empathie und Mitgefühl sind wesentliche Charaktereigenschaften Veit Kolbes.

Schnell wird Kolbe aus seinem Philosophieren herausgerissen, als eine große Anzahl feindlicher Flugzeuge den Mondsee überfliegt. Das „Grollen", „Knattern und Krachen" über der Drachenwand erinnert Kolbe erneut daran, dass sein Wunsch nach einem zivilen Leben, nach privatem Glück und Bürgerlichkeit in stetiger Gefahr ist, denn auch hier im Salzkammergut rückt der Krieg „keinen Millimeter

Reflexionen
über die Macht
des Krieges zur Seite" (S. 81). Aus sicherer Entfernung kann Kolbe einen spannenden Luftkampf zwischen zwei verfeindeten Fliegern beobachten. Er kommt zum Schluss: „Das gute Ansehen des Krieges beruht auf Irrtum." (Ebd.)

Am 26. Februar feiert Veit Kolbe seinen 24. Geburtstag, den er „still und ruhig" (S. 82) verbringt. Den ereignislosen Tag

Erinnerungen
an die früh
verstorbene
Schwester Hilde verbringt er größtenteils im Bett. Dabei erinnert er sich an seine bereits mit 16 Jahren an einer Lungenkrankheit verstorbenen Schwester Hilde. Die alltäglichen Erinnerungen

an gemeinsames Eislaufen, Umarmungen oder Ferienlager zaubern dem traurigen Soldaten ein Lächeln auf das Gesicht (vgl. S. 83 f.).

Am Freitag wurden in Darmstadt (S. 85 – 96)

Die Geschichte Veit Kolbes wird an dieser Stelle überraschenderweise unterbrochen. Für den Leser bzw. die Leserin ist es schon nach wenigen Sätzen klar, wer sich hier aus Darmstadt zu Wort meldet: „Kommst du mit den Windeln aus, Margot?" (S. 85) Es handelt sich um die Mutter der Nachbarin von Veit Kolbe mit Namen Lore Neff. Sie zeigt sich in ihrem ersten von drei Briefen besorgt über das Wohlergehen ihrer Tochter. Sie erstattet dann Bericht über die weiteren Familienmitglieder: Der Vater kämpft in Frankreich, während die 16-jährige Schwester von Margot, Bettine, in Berlin für den Arbeitsdienst schuftet. Erst danach kommt Lore Neff auf ihre eigene Situation zu sprechen. Die Mutter spricht über ihre Angst vor den nächtlichen Bombenangriffen der Alliierten, die offenbar regelmäßig auf die südhessische Großstadt niedergehen. Sie befürchtet, dass Darmstadt das Schlimmste noch bevorsteht, und vergleicht ihre Heimat mit Frankfurt, diesem „Trümmerhaufen von Stadt" (S. 87). In den banal-alltäglichen Ausführungen der Mutter spiegelt sich der Wunsch nach Normalität und Ruhe wider: „Hoffentlich findet Krieg bald mal ein Ende." (S. 89) Neben den von Sorge und mütterlicher Liebe geprägten Äußerungen Lore Neffs finden sich auch kritisch-ermahnende Worte gegenüber ihrer im fernen Österreich weilenden Tochter: „Es war von dir auch keine gute Entscheidung, einen Fremden zu heiraten mitten im Krieg und dann gleich ein Kind oder umgekehrt." (Ebd.) Hinzu kommt, dass die Mutter mit der Häufigkeit der Antworten ihrer Tochter auf ihre Briefe nicht zufrieden ist, sie möchte „nicht wieder vier Wochen" (S. 91) auf Antwort warten. Insgesamt jedoch sind die von häufigen Wiederho-

Der erste Brief von Margots Mutter an ihre Tochter

Bombenangriffe in Darmstadt erschweren das alltägliche Leben

Kritisch-ermahnende, aber auch liebevolle Worte an Margot

Funktion der Briefe: Die Mehrdimensionalität des Krieges aufzeigen

lungen geprägten Sätze der Mutter an ihre Tochter von Herzlichkeit, Naivität und Güte geprägt. Sie schließt ihren ersten Brief an Margot in der Hoffnung, dass diese schon bald nach Darmstadt zurückkehren möge. Mit den Briefen der einfachen, aber liebenswert-herzlichen Frau gelingt es Arno Geiger, das alltägliche Grauen und auch das Leid der Zivilbevölkerung in einer besonders stark von Bombenangriffen betroffenen Großstadt in seinen Roman zu integrieren. Damit wird ein mehrdimensionaleres Bild vom Leben der Menschen in der Endphase des Zweiten Weltkriegs erzeugt, als wenn Geiger ausschließlich vom scheinbar friedlichen Leben Veit Kolbes am schönen Mondsee berichten würde.

Der erste Brief Lore Neffs …

- zeigt das alltägliche Grauen der einfachen Menschen im Krieg.
- charakterisiert sie als liebevolle, ehrliche Mutter.
- porträtiert das Leben in der Stadt statt auf dem Land.

Susi hat mich bei der Straßenbahn (S. 97 – 110)

Der erste Brief von Kurt Ritler an seine Cousine Nanni

Dem Brief Lore Neffs an ihre Tochter schließt sich ein weiterer an: Dieses Mal schreibt der 16-jährige Cousin der dem Leser bzw. der Leserin aus den Tagebuchaufzeichnungen Veit Kolbes schon bekannten Nanni Schaller, Kurt Ritler. Der sichtlich in seine Cousine verliebte Kurt Ritler berichtet von seinem Alltag in Wien und erkundet sich in anrührender, manchmal eifersüchtiger Weise, wie es seiner Liebe im Lager Schwarzindien geht: „Geht ihr nie ins Dorf? Trefft ihr dort keine Buben?" (S. 97) Es wird schnell klar, dass zwischen den beiden eine verheimlichte und von den Eltern verbotene Liebesbeziehung besteht und Kurt auf die Briefe Nannis antwortet. Wie auch Nanni stört sich Kurt an der fehlenden Freiheit der Menschen im Krieg: „Aber warum stellt ihr euch beim Aufziehen der Fahne im Quadrat auf?

Hat das einen bestimmten Grund? [...] Mich ärgert es, dass die Welt so eckig ist." (S. 98) Kurt macht sich Vorwürfe, dass er seine erste Liebe nicht aus Schwarzindien herausholen kann, und macht ihr Mut, durchzuhalten, indem er ihr seinen baldigen Besuch zu Ostern ankündigt. Auch wenn sich der junge Mann nicht als direkter Kriegsgegner äußert, so wird doch deutlich, dass er an den Endsieg längst nicht mehr glaubt. So kommentiert er den Erlass der Reichsjugendführung, dass alle Frauen eine einheitliche Haarlänge vorgeschrieben bekommen, mit den sarkastischen Worten: „Solange die geniale deutsche Reichsregierung solche Ideen hat, ist Deutschland nicht verloren." (S. 102) Ritlers Auslassungen erinnern in einem Aspekt auch an Veit Kolbe, der seine fünf Jahre an der Front für verlorene Lebenszeit hält. Auch Ritler möchte „eine Stunde, die er gelebt hat, noch einmal leben" (ebd.). Denn der Krieg lässt nicht zu, was sich der Liebende wünscht, auf einer Blumenwiese zu liegen, in den Himmel zu schauen, „froh und glücklich" (ebd.) zu sein. Am Ende zeigt sich Kurt verärgert über die Information Nannis, dass ihre Beziehung bedroht sei: „Es ist ungeheuerlich, dass deine Lehrerin meine Briefe liest und dass mir die Eltern den Kontakt mit dir verbieten." (S. 109) Ritler kündigt an, dass er bereit ist, für seine Liebe zur Cousine zu kämpfen. Damit wird deutlich, warum Arno Geiger die Briefe Kurt Ritlers in seinen Roman aufnimmt: Es geht um den vergessenen Glücksanspruch der jungen Menschen, die im Krieg häufig vergessen werden und keinen Mentor haben, der für sie die Stimme erhebt.

Ärger über den Mangel an Freiheit in der Gesellschaft

Ironie und Sarkasmus gegenüber der deutschen Politik

Ankündigung des Kampfes um die gemeinsame Liebe

Funktion des Briefes

Kurt Ritler …

- schreibt als Stimme der jungen, vergessenen Menschen im Krieg.
- ist zu Beginn selbstbewusst und kampfeslustig.
- liebt seine ferne Cousine Nanni über alles.
- macht zu Beginn Pläne für die Zukunft.
- ist nicht kriegsblind, sondern sieht die blinden Flecken.

Wie's mir geht? (S. 111 – 128)

Brief des Wiener
Juden Oskar
Meyer

Arno Geiger stellt einen dritten und letzten Brief zwischen die Tagebuchaufzeichnungen von Veit Kolbe. Anders als die beiden vorherigen Briefe ist dem Leser bzw. der Leserin nicht sofort klar, von welchem Verfasser sie stammen. Sie sind auf den ersten Blick inhaltlich nicht angebunden an das Leben von Veit Kolbe in Mondsee. Im Verlauf des Briefes stellt sich heraus, dass der Wiener Jude Oskar Meyer, Zahntechniker von Beruf, einen Brief an seine Cousine Jeannette schreibt (vgl. S. 114). In diesem berichtet er von den sich verschlimmernden Lebensbedingungen für die jüdischen Einwohner Wiens. So müsse er nun den Zweitnamen Israel tragen, während seine Frau Wally nun auch Sara heiße. Eine politische Maßnahme der Nationalsozialisten, um Juden eindeutig und schnell identifizieren zu können. Meyer leidet unter den alltäglichen Erniedrigungen und Diskriminierungen, die Juden in Wien nun immer häufiger und alltäglicher erdulden müssen, v. a. aber an der Tatsache, dass seine Familie die schöne Wohnung aufgeben muss. Der ältere Sohn von Wally und Oskar, Bernili, lebt mittlerweile in Sicherheit in England, während das zweite Kind Georgili weiterhin bei seinen Eltern weilt. Das Leben in der neuen, zugewiesenen Wohnung empfindet Meyer als ein „Martyrium" (S. 114). So ist er gezwungen, immer mehr Einrichtungsgegenstände und Möbel zu verkaufen, um die finanziellen Anforderungen des Alltags zu meistern. Er bittet seine Cousine in England um die Zusendung von Geld, mit dessen Hilfe er die Ausreise nach Budapest organisieren möchte. Oskar Meyer ist fassungslos über das „Ende des Lebens, wie es gewesen ist" (S. 116). Ohne Folgen könne man Juden auf der Straße einfach so anspucken und es gebe weitere „sehr schwere Prüfungen" für Wiener Juden, die diesen „das Leben mies machen" (ebd.) sollen. Trotz seines Schockzustandes glaubt Oskar Meyer in seinem ersten von drei Briefen noch an eine glückliche Zukunft: „Von

Diskriminierun-
gen der Juden
in Wien

Bedrückende
Lebens-
umstände

Hoffnung auf
Besserung

einem bestimmten Punkt an wird man uns wieder in Ruhe lassen." (S. 118) Er hat noch keine Vorstellung und auch kein Wissen von dem eigentlichen Ziel der Diktatur der Nationalsozialisten, der totalen physischen Vernichtung aller europäischen Juden in Konzentrationslagern (Holocaust). Dieses Unwissen oder auch der Unglaube an eine sich weiter verschärfende lebensgefährliche Situation für die Wiener Juden trägt auch zu einem fatalen Fehler Oskar Meyers bei, den dieser später immer wieder bedauern wird: So lehnt er das Angebot eines Anwalts, für fünf Jahre als Zahnarzt oder -techniker im westafrikanischen Accra zu arbeiten, aus Angst vor der Hitze Afrikas ab (vgl. S. 121). Dabei sind die eigenen Versuche, wenigstens Wien zu verlassen, aufgrund immenser organisatorischer Anforderungen in stetiger Gefahr. Doch Meyer wird angesichts eigener Beobachtungen klar, dass es keine Alternative zur „Flucht" (S. 125) aus Wien gibt.

Fataler Fehler: Verzicht auf Flucht

Insgesamt vermitteln die Informationen Meyers an seine Cousine in England ein eindrucksvolles, erschütterndes Bild von den Sorgen und Ängsten einer jüdischen Wiener Familie.

Funktion des Briefes: Darstellung des Holocausts

Der erste Brief Oskar Meyers ...

- informiert über das Leben Wiener Juden im Nationalsozialismus.
- beschreibt die Ängste und Sorgen einer bürgerlichen Familie.
- bringt dem Leser/der Leserin das Schicksal einer jüdischen Familie nahe.

Der Leser bzw. die Leserin ist – ebenso wie Oskar Meyer selbst – geschockt von den menschenverachtenden Maßnahmen der Nationalsozialisten, die metaphorisch deutlich werden: „Ganze Existenzen werden einfach weggeschaufelt, weil irgendwer findet, sie sind im Weg." (S. 124) Die Briefe Oskar Meyers geben dem wohl größten Verbrechen in der neueren Geschichte der Menschheit, dem Holocaust, Raum im Roman „Unter der Drachenwand". Offen-

Metaphorik

bar scheute sich Arno Geiger davor, einen Antikriegsroman zu schreiben, ohne auf das Schicksal der jüdischen Menschen im Dritten Reich einzugehen.

Vier Erzählstimmen: Veit Kolbe, Lore Neff, Kurt Ritler, Oskar Meyer

Mit dem Brief Oskar Meyers hat der Leser bzw. die Leserin nun alle vier Erzählstimmen des Romans kennengelernt. Darin liegt seine erzähltechnische Besonderheit, dass es nicht einen souveränen, allwissenden Erzähler gibt, sondern gleich vier, aus eingeschränkter Perspektive erzählende Stimmen, wobei die Dominanz der Erzählstimme Veit Kolbes ins Auge sticht. Insgesamt wird seine Hauptstimme durch jeweils drei Briefe Lore Neffs aus Darmstadt, Kurt Ritlers aus Wien sowie Oskar Meyers aus Wien und Budapest ergänzt. Quantitativ ergibt sich folgende Verteilung:

Die vier Erzähler im Roman „Unter der Drachenwand"

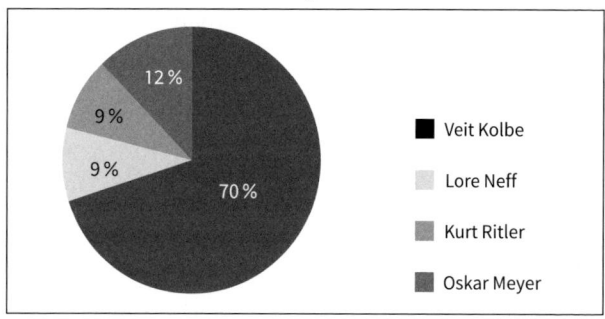

Wer kommt im Roman wie häufig zu Wort?

Die konkrete Verteilung sieht dabei wie folgt aus:

Erzählstimme	Seitenzahlen
Veit Kolbe	7 – 84, 129 – 229, 279 – 369, 419 – 476 = 327 S.
Lore Neff	85 – 96, 264 – 278, 370 – 383 = 41 S.
Kurt Ritler	97 – 110, 230 – 244, 384 – 398 = 44 S.
Oskar Meyer	111 – 128, 245 – 263, 399 – 418 = 57 S.

Mit der Entscheidung des Autors, vier Erzählstimmen zu nutzen, erfüllt der Roman das Merkmal der Multiperspektivität, das sich v. a. in modernen Texten findet. Der Dichter blendet sich als Autor nahezu vollständig aus und verzichtet auf jegliches auktoriale Erzählen, wie es z. B. bei einem Dichter des Realismus wie Theodor Fontane (1819 – 1898) („Effi Briest") zu finden ist. Stattdessen werden Auszüge aus Briefen und Tagebüchern aneinandergereiht, vier Figuren – Veit Kolbe, Lore Neff, Kurt Ritler und Oskar Meyer – kommen in der subjektiven Ich-Form zu Wort. Lange stehen diese Romanteile relativ unverbunden nebeneinander, doch am Ende führt der Roman die Fäden seiner Figuren kunstvoll zusammen. Auch wenn sich die Figuren kaum kennen und sich selbst am Ende nur kurz und oberflächlich begegnen, so eint sie doch eines: Sie alle sind Opfer des Krieges, jeder spricht für sein individuelles Schicksal: „An jedem schönen Wort klebt heute der Krieg".

Modernes Erzählen: Merkmal der Multiperspektivität, Verzicht auf auktoriales Erzählen

Zusammenführung der Figuren am Ende des Romans

Den ganzen Tag Schneegestöber (S. 129 – 146)

Im Anschluss an die drei eingeschobenen Briefe meldet sich wieder Geigers Protagonist Veit Kolbe zu Wort. Auf den nächsten einhundert Seiten wird in seinen Tagebuchäußerungen ein persönlicher Entwicklungsprozess deutlich. Hat sich Kolbe in den ersten Wochen nach seiner Ankunft in Mondsee mit Sozialkontakten noch zurückgehalten, wirkt er nun zunehmend integriert und auch bemüht um Anschluss. Dazu trägt auch ein spürbarer Wandel des Brasilianers bei: „Seine ursprüngliche Rauheit und spröde Distanziertheit mir gegenüber waren so gut wie verschwunden." (S. 132) Kolbe sucht seinen nun umgänglichen Freund daher immer öfter im Gewächshaus, das symbolisch als Schutzraum vor den negativen Einflüssen der Gesellschaft dient, auf. Er ist anfangs noch überrascht, ja sogar geschockt von der Direktheit, Klarheit und Verächtlichkeit, mit welcher der Bruder seiner Vermieterin über Hitler und die Nationalsozialisten

Entwicklung und Integration Veit Kolbes

Symbolik des Gewächshauses

Offene Kriegsgegnerschaft des Brasilianers

spricht. Denn auch wenn die fünf Jahre an der Front Kolbe zu einem erschöpften Kriegsgegner gemacht haben, so kann er sich „von dem Gedanken, dass der F. ein großer Mann war, nicht gänzlich freimachen" (S. 135). An dieser Stelle wird die Frage der Schuld und Verantwortung Veit Kolbes angesprochen, denn trotz aller Sympathie des heutigen Lesers bzw. der heutigen Leserin für Arno Geigers Hauptfigur darf man nicht vergessen, dass es sich um einen Wehrmachtssoldaten handelt, der im Zweiten Weltkrieg auf der Seite eines menschenverachtenden, diktatorischen Regimes gekämpft hat.

Schuld und Verantwortung Veit Kolbes

Veit ist schuldig, denn ...	Veit ist unschuldig, denn ...
• er ist Teil der Wehrmacht. • er kämpft für ein menschenverachtendes Regime. • hält Hitler für einen großen Mann.	• er flüchtet vor dem Krieg. • sucht den Frieden. • bedauert, das Leben verpasst zu haben. • kritisiert die Kriegseuphorie.

Symbolische Funktion des Brasilianers

Mit der Figur des Brasilianers besitzt der Roman einen Gegenpart zum Bösen. Er erscheint als eine Figur, die das Böse erkannt hat und mutig die einzig richtigen Konsequenzen für sich zieht: Statt Rückzug in die private oder familiäre Innerlichkeit, die Veit Kolbe vorschwebt, nimmt er kein Blatt vor den Mund und übt offen Kritik an der Menschenfeindlichkeit des Dritten Reiches. Im Schutzraum des warmen Gewächshauses wagt er es, Dinge auszusprechen, für die er in der kalten Gesellschaft mit dem Tode bedroht würde. Robert Raimund Perttes, der Brasilianer, steht für das (vegetative) natürliche Leben, er fungiert als Antipode (Gegenpol) des Krieges. Mit dem in Kriegszeiten funktions- und allerdings nur auf den ersten Blick sinnlosen Anbau von Orchideen – Symbol für die Ästhetik und Schönheit der Natur – macht er sich für die Nationalsozialisten und deren Kriegslogik verdächtig. Diese unmissverständliche, kriegskritische Haltung bleibt nicht ohne Einfluss auf den jungen Soldaten.

Schönheit der Natur statt Gewalt der Menschen

Als er am 11. März 1944, dem Geburtstag Hildes, auf seine nazigesinnte Vermieterin trifft, verwickelt ihn diese in ein Gespräch über die vermeintlich wertvolle Volksgemeinschaft. Kolbe gibt jedoch zu erkennen, dass nach seiner Erfahrung die Gesellschaft aus Egoisten bestehe und die Vorstellung eines über dem Einzelnen stehenden Kollektivs eine Illusion sei (vgl. S. 137). Solche Vorstellungen seien der Grund dafür, die im Menschen angelegte Fähigkeit, „fast zu platzen vor Liebe" (S. 139), am Ausbruch zu hindern. Wieder erleidet der traumatisierte Soldat eine Panikattacke, welche die verstörenden und verdrängten grauenhaften Bilder des Krieges erneut hervorrufen. Als der Anfall abklingt, steht plötzlich das Mädchen Nanni Schaller vor ihm. Das sensible, empathische Mädchen erkennt sofort den Zustand des Gastes. Besorgt hält sie seine Hand und bietet Veit ihre Hilfe an, die in dem anrührenden Angebot gipfelt, Traubenzucker zu sich zu nehmen, denn „Traubenzucker beruhigt" (S. 141). Zwischen Nanni und Veit entwickelt sich in der Folge ein intimes Gespräch. Nanni öffnet sich gegenüber dem Fremden, dem sie in dessen Schwachheit begegnet ist, und berichtet von ihren Problemen, die sie wegen ihrer Liebesbeziehung zu ihrem Cousin Kurt mit ihren Eltern habe. Sie hat sogar den Mut, Veit zu bitten, einen um Verständnis und Erlaubnis fragenden Brief an ihre Mutter zu verfassen. Veit ist emotional berührt von dem Mut und der Kraft des jungen Mädchens, „seine Interessen zu vertreten" (S. 143). Ihre Art, „völlig frei, ohne Berechnung" (ebd.) aufzutreten, macht tiefen Eindruck auf ihn. Dennoch lehnt Kolbe das Ansinnen Nannis ab, was ihn jedoch nicht davon abhält, im Anschluss an das Treffen den harten, unnachgiebigen Brief der Mutter Nannis an ihre Tochter zu lesen (vgl. S. 144 ff.). Die subtilen Unterstellungen und der auf ihre Tochter ausgeübte Druck repräsentieren die Unbarmherzigkeit, Gnadenlosigkeit und emotionale Härte, mit der viele Eltern ihre Kinder im Dritten Reich erzogen haben. Für spätere Sozialpsychologen wie

Kritik Kolbes an der Idee der Volksgemeinschaft

Anrührende Begegnung mit helfender Nanni Schaller

Theodor W. Adorno (1903 – 1969) ist diese Art der Erziehung mitverantwortlich für den sog. autoritären Charakter als eine verhärtete und mitleidlose Persönlichkeitsstruktur, die viele Verbrechen des Nationalsozialismus überhaupt erst möglich gemacht hat. Sie zeigt sich nicht nur bei Nannis Mutter, sondern auch am Beispiel von Veits Vater, der seinen Sohn zu dessen Bedauern statt zu Mitmenschlichkeit und Empathie zu Gradlinigkeit und Härte erziehen will.

Der März war ungewöhnlich (S. 147 – 162)
So wie das Jahr seinen Lauf nimmt, so entwickelt sich auch Veit Kolbe weiter. Waren sein Verhalten und seine Einstellung gegenüber seinen Mitmenschen noch von Passivität, Vorsicht und Zurückhaltung geprägt, zeigt er sich nun offener und gesprächiger: „Die Darmstädterin huschte zuweilen zu mir herein und redete sich den Kummer von der Seele."

Spurloses Verschwinden Nanni Schallers

(S. 150) Geschockt zeigt sich Kolbe vom Verschwinden Annemarie „Nanni" Schallers aus dem Lager Schwarzindien. Dem Gerücht, das Mädchen sei mit einem siebzehnjährigen Burschen aus Wien ausgebüchst, kann schnell widersprochen werden, da sie bei ihrem Cousin Kurt in Wien nicht auftaucht. Ihr Verschwinden bleibt rätselhaft. Unter den wenigen Gegenständen, derer man habhaft wird, findet sich in Nannis Rucksack ein Zettel mit der Aufschrift „So bin am ganzen Leibe ich, so bin ich und so bleibe ich, yes, Sir!"

Symbolik: Anspruch der Jugend auf eigenes Leben und Autonomie

(S. 151) Mit dieser Aussage wird die symbolische Bedeutung der eindrucksvollen Nanni-Figur deutlich: Sie steht für den erstaunlichen Anspruch eines jungen Menschen auf ein eigenes Leben, auf die Verwirklichung persönlichen Glücks in Zeiten, in denen der Einzelne von der Politik unmissverständlich aufgefordert wird, seine Individualinteressen zugunsten der Gesamtgesellschaft zurückzustellen. Darin ähnelt die Nebenfigur Nanni dem Protagonisten des Romans, da auch Veit Kolbe für die Realisierung eines eigenen Lebens, für Autonomie und personales Glück kämpft.

Erwachsene Haupt- und jugendliche Nebenfigur im Vergleich	
Veit Kolbe hat den Gedanken: „dass man mir meine Jugend genommen hatte" (S. 138). Er betrachtet „alles Freie als Privatsache"(S. 28), die es leider nicht mehr gibt.	**Nanni Schaller** kämpft um ihre Liebe zu Kurt gegen ihre Eltern und die Lehrerin an. Sie möchte „am ganzen Leibe ich" (S. 151) bleiben.

Beide Figuren eint der Kampf um Freiheit von den Ansprüchen der Gesellschaft und individuelles Glück.

Für lange Zeit bleibt das Mädchen nun verschollen. Auch Veits Onkel Johann, als Postenkommandant für die Suche nach der Vermissten eigentlich verantwortlich, kann das Mädchen nicht aufspüren. Er wirkt angesichts seiner eigenen Situation depressiv, beschäftigt sich mehr mit seiner „Verdauung" (S. 154) und dem drohenden Mangel an Zigaretten als mit dem Verschwinden eines Kindes. Die aus dem heimischen Wien nach Mondsee eilende Mutter von Nanni beruhigt er mit der Überzeugung, ihre Tochter sei nichts Schlimmes widerfahren, sondern vermutlich nur auf Zeit ausgebüchst und werde daher bald wiederkommen. Der bei dem Gespräch anwesende Veit durchschaut die Inkompetenz, das Desinteresse, die „Ohnmacht und Gleichgültigkeit" (S. 160) seines Onkels am Schicksal des wunderbaren Mädchens. Auch im Frühling wird Kolbe von seinen regelmäßigen Angstanfällen gepeinigt. Als er sich nach der Einnahme seines Medikaments Pervitin auf das Bett legt und auf die Wirkung des Mittels wartet, hört der Rekonvaleszent im Nebenzimmer die Darmstädterin mit ihrem Baby reden. Interessiert hört er den Zärtlichkeiten der jungen Mutter zu und bemerkt, „es war das Reden der Darmstäd-

Ergebnislose, halbherzige Suche nach Nanni

Beruhigung durch Margots Stimme

terin, das mich beruhigte" (S. 162) – ein erster Hinweis auf die sich anbahnende Beziehung zwischen den beiden Verlorenen.

Der Elternbesuchstag (S. 163 – 174)

Aufgrund des Verschwindens einer Schülerin räumt das Kinderheim Schwarzindien den besorgten auswärtigen Eltern einen Elternbesuchstag ein, der sich aufgrund der hohen Nachfrage sogar über zwei Tage zieht. Die Aufregung und Sorge aufseiten der Eltern kann Veit Kolbe nachvollziehen, hatten diese doch ihre Kinder aus Angst vor dem Luftkrieg der Alliierten aus den gefährdeten Städten ins vermeintlich sichere, weniger gefährdete Umland geschickt. Die historische Forschung geht heute davon aus, dass die „Reichsdienststelle Kinderlandverschickung" ab Oktober 1940 bis zum Kriegsende 1945 insgesamt über zwei Millionen Kinder evakuierte und dabei vermutlich 850 000 Schüler und Schülerinnen, meist im Alter zwischen 10 und 14 Jahren, versorgte. Der Autor Arno Geiger nutzte einen Flohmarktfund und recherchierte in echten Briefen, die Eltern ihren Kindern in diese Kinderheime schickten. Aus diesen

Arno Geiger nutzt Originalquellen für seinen Roman

Diese Abbildung zeigt Schulmädchen wie Nanni im Zuge der Kinderlandverschickung der Nazis.

echten und authentischen Briefen entstand im Roman „Unter der Drachenwand" der für die Handlung wichtige Nebenstrang, die Nanni-Episode. Die besagte Recherche Geigers trägt zur Glaubwürdigkeit des Romans, zu seiner Authentizität bei. Als Kolbe in dieser Zeit zufällig auf die Lehrerin Grete Bildstein stößt, für die seine Gefühle aufgrund ihrer Zurückweisung deutlich erkaltet sind, beschwert sich diese über sich zunehmend verschlechternde Arbeitsbedingungen und wenig Hilfe bei der Suche nach der verschollenen Nanni. Kolbe macht aus seinem Antifaschismus keinen Hehl. Mutig und klar nimmt er Stellung: „Mitgefühl ist im System nicht vorgesehen." (S. 166) Die Lehrerin bemerkt Kolbes offensichtlich weiterhin schlechten gesundheitlichen Zustand und dieser muss ihr beipflichten. Er fühlt sich kraftlos und unmotiviert. Am Leben hält ihn das Schreiben: Viele Stunden verbringt er mit seinem Tagebuch und schreibt sich seine Not von der Seele. Das Schreiben hat offensichtlich eine die Heilung unterstützende Wirkung auf den jungen Soldaten, die er selbst bemerkt und daher forciert (vgl. S. 167).

Kolbe nimmt Stellung

Das Tagebuchschreiben tut Kolbe gut

Mit seinem Onkel führt Kolbe unterdessen realistische Gespräche über den Fortgang des Krieges. Während das Radio gewaltige Gebietsverluste für die deutsche Armee meldet, versprüht der Onkel weiterhin Optimismus. Kolbe deutet die Meldung realistisch und formuliert seine Angst vor der Roten Armee, die mit den Deutschen noch eine „gewaltige Rechnung offen" (S. 169) habe. Später begegnet Kolbe seiner Vermieterin, der Quartierfrau, die ihn am Führergeburtstag dazu auffordert, anlässlich der Feierlichkeit die Fahne zu hissen. Kolbe folgt der Aufforderung widerwillig und muss erneut feststellen, dass es auch 1944 noch viele fanatische Anhänger Hitlers gibt, die trotz großer Verluste und immensem Leid der Zivilbevölkerung immer noch an den versprochenen Endsieg glauben. Metaphorisch macht er sich nach diesen Begegnungen beim Abendessen mit

Hitlers Anhänger sind in der Mehrheit und glauben weiterhin an den Endsieg

Metaphorik

der Darmstädterin Luft: „Ich sagte, es wäre das schönste Leben, wenn nicht überall Dämpfer aufgesetzt wären, hier in Form der Quartierfrau." (S. 171) Etwas Trost und Ablenkung findet Kolbe im Spiel mit dem Baby der Darmstädterin. Auch die gute Laune seines einzigen Freundes in Mondsee, dem Brasilianer, hellt Kolbes Stimmung auf. Der offene Pazifismus und Antifaschismus des Brasilianers kommt dem emotionalen Zustand des jungen Kriegsverletzten nahe, wenn dieser meint, er wolle „nur weg von diesem Räuber- und Kriegskontinent" (S. 173). Der Brasilianer macht selbst vor einigen Mädchen aus dem Lager Schwarzindien, die ihn ab und an besuchen, keinen Hehl aus seiner Abneigung gegenüber jeglicher Form von Rassismus und NS-Ideologie: „In Brasilien vermischen sich die Rassen ganz selbstverständlich. Dort gibt es viele Mischlinge, das ist dort normal. Wer bei der Einschätzung von Menschen Rasse zur obersten Kategorie erhebt, höher als jede andere menschliche Eigenschaft, Intelligenz, Geist, Takt, Talent, gibt keinen Beweis seiner Überlegenheit." (S. 173) Auch in der Öffentlichkeit nimmt der Brasilianer kein Blatt vor den Mund, er beleidigt Hitler und den Propagandaminister, indem er sie als „Missgeburten" (S. 174) bezeichnet. Ein solches Verhalten kann in einer faschistischen Diktatur nicht ohne Folgen bleiben.

Der Brasilianer geht ein hohes Risiko ein – offener Pazifismus und Antifaschismus

Öffentliche Beleidigung Hitlers

Der Brasilianer wurde nicht über Nacht (S. 175 – 187)

So ist es kein Wunder, dass schon bald ein dunkler Peugeot mit zwei schwarz gekleideten Männern auf dem Hof parkt und der Brasilianer verhaftet wird. Dieser bittet Kolbe in der Hektik des Vorgangs, er möge sich um das Gewächshaus und die „Tomaten" (S. 177) kümmern. Der Brasilianer zahlt noch vor Ort den Preis für seine fehlende Vorsicht und Offenheit, mit der er in aller Öffentlichkeit die Politik im nationalsozialistischen Deutschland kritisierte: Er wird von den Schergen des Regimes brutal ohnmächtig geschlagen.

Brutale Verhaftung des Brasilianers

Aus Frustration über die Verhaftung des Freundes betrinkt sich Veit Kolbe. Bei seiner Wiederkehr macht die Ruhe der Natur einen besonderen Eindruck auf den Soldaten: „Unbeeindruckt standen Schafberg und Drachenwand an ihrem Platz. Der Garten des Brasilianers lag verlassen da, das Gewächshaus schimmerte friedlich im Licht." (S. 180) Bei Kolbe führen diese Eindrücke dazu, dass er sich weiter von der kranken, maroden Gesellschaft entfernt und sich der Natur zuwendet, die er für gesund und menschenfreundlich hält. Intensiv kümmert sich Kolbe um den Hund des Brasilianers, dem die Nazi-Schergen bei der Verhaftung seines Herrchens „das Rückgrat gebrochen" (S. 182) hatten. Auch um das ebenfalls beschädigte Gewächshaus kümmert sich Kolbe, indem er sich um neue Glasscheiben bemüht und diese nach einigen Anstrengungen auch erhält. Diese lassen ihn aber auch verdächtig erscheinen: So fordert sein Onkel Johann von Veit, dieser solle seine Beziehung zum Brasilianer erläutern, da es im Dorf üble Gerüchte gebe, die seinem Neffen Schaden könnten. Kolbe beruhigt den nur mäßig interessierten Onkel mit einer Ausrede. Nach einer Woche harter Instandsetzungsarbeiten wird Kolbe am Freitagnachmittag von der Darmstädterin im Gewächshaus besucht. Margot lässt sich nicht lange bitten, als sie die Situation erkennt. Sofort legt sie ihr Kind auf einer Decke auf dem Boden ab, startet den Plattenspieler, schließt den Schlauch an und beginnt ungefragt mit der Bewässerung des Gemüses. Später erntet sie Gurken und fordert Veit zu einer Pause auf: „Ruh dich ein wenig aus, du bist ja total erschöpft." (S. 186) Veit folgt der Aufforderung und nimmt die Situation als besonders wertvoll wahr.

Gegenwelt der Natur: Ruhe und Gelassenheit zieht Veit an

Veit kümmert sich um Hund, Gewächshaus und Ernte

Idyllische Gemeinschaft mit Margot im Gewächshaus

Was Menschen hilft	Was Menschen schadet
• handwerkliche Arbeit	• Gewalt
• Naturnähe	• Gerüchte
• Musik	• Nazismus

In den Dschungeln Schwarzindiens (S. 188 – 199)

Während der Brasilianer im Polizeigefängnis auf seinen Prozess wartet, erhält Veit Besuch von dessen Anwalt. Dieser richtet ihm die Bitte seines Freundes aus, den Gärtnereibetrieb aufrechtzuerhalten, was Veit ihm zusichert. Veit verausgabt sich bei diesem Freundschaftsdienst in ungeahnter Weise: „Mein Leben war jetzt eines mit Blasen an den Händen, abgebrochenen Fingernägeln, Muskelkater und blauen Flecken." (S. 190) Doch die Arbeit tut ihm gut, die Tätigkeit ist ihm sogar „lieber als das Nachdenken" (ebd.). Während Veit sich um das Handwerkliche kümmert, erledigt die Darmstädterin „alles Geschäftliche" (ebd.). Das Verwalten kommt ihren Fähigkeiten entgegen, da sie eine Lehre zur Versicherungskauffrau absolviert hat. Ohne genaue Verabredung werden die beiden so sehr schnell zu einem funktionierenden Team. Während es privat und beruflich für Kolbe also offensichtlich besser läuft und im Mai die Natur blüht und gedeiht, bleibt die Atmosphäre im Dorf „übellaunig" (S. 191), was mit dem bekannt werdenden Bodengewinnen der russischen Truppen zu tun hat. Einzig der naive, von der politischen Führung durch Propaganda am Leben erhaltene Glaube an eine Wunderwaffe hält die Hoffnung auf den Endsieg im Mai 1944 noch aufrecht. Kolbe findet die sich anbahnende deutsche Niederlage gerecht und folgerichtig, habe die deutsche Armee doch bisher einen rücksichtslosen, brutalen und blutigen Krieg geführt, der in der Geschichte der Menschheit seinesgleichen suche. Während dem politischen Reich also der Untergang droht, zieht sich Kolbe immer mehr in das Privatleben zurück und arbeitet im Gewächshaus, dessen Glaswände ihn vor der rauen Wirklichkeit zu schützen scheinen und das eine Idylle erzeugt, die er genießen und wertschätzen kann.

Die neue Strategie: Arbeiten statt Nachdenken

Kolbe kehrt der Gesellschaft den Rücken und sucht die Nähe zur Natur

Kolbe sucht ...	Kolbe meidet ...
● Natur.	● die Gesellschaft.
● Familie.	● Wehrmacht.
● Frieden.	● den Krieg.
● Liebe + privates Glück.	● Karrieredenken.

Gegensatz von Natur und Gesellschaft

Die folgende Alliteration macht Kolbes Rückzug ins Private und in die Natur deutlich: „Auf der <u>W</u>äscheleine des Brasilianers, die zwischen zwei Apfelbäumen gespannt war, <u>w</u>ehten die <u>W</u>indelfahnen." (S. 193, Hervorhebung T. S.)

Durch die Arbeit und die zeitweise Betreuung des Babys kommen sich Veit und die Darmstädterin näher. Sie erzählt davon, wie sie ihren Mann kennengelernt und übereilt geheiratet habe. Sie versteht sich als eine „Kriegsbraut" (S. 195) und bereut ihre übereilte Entscheidung. Die gemeinsame Arbeit mit ihr genießt Kolbe, die Maisonne verstärkt seine zunehmend gute Laune, sodass er die „herrliche Zeit" (ebd.) mit der umgänglichen Nachbarin, die immer mehr zu einer Freundin wird, genießen kann: „Die Darmstädterin und ich unterhielten uns und lachten viel. […] ich empfand es als seltsam, weil wir so natürlich miteinander umgingen, nicht so gekünstelt und steif wie in der Jugend." (S. 196) Wieder betont Kolbe den Wert des Natürlichen, das im Gegensatz zum Gesellschaftlichen, das Kolbe abstößt, steht. Langsam, fast unmerklich, sind die beiden Kriegsversehrten zu einem Liebespaar geworden. Als sie während eines Regenschauers unter dem Glasdach des Gewächshauses Zuflucht suchen, erkennt auch Kolbe diesen Zusammenhang: „Und ohne dass wir einander bis dahin je außerhalb der Arbeit berührt hatten, waren wir zu diesem Zeitpunkt wohl schon ein, zwei Wochen ein Paar."

Annäherung zwischen Veit und der Darmstädterin

Beginn einer Liebesbeziehung

(S. 198) Am nächsten Tag kommt es folgerichtig zum ersten Kuss. Die neue Nähe und Liebe macht Kolbe gesprächiger. Er führt jetzt nicht mehr nur Selbstgespräche, indem er über viele Stunden Tagebuch führt, sondern erzählt auch seiner Geliebten von seinen Erlebnissen im Krieg. Deutlich wird, dass der Mensch ein Gegenüber, ein Du benötigt, um komplett, um vollständig zu sein. Im Angesicht eines Gegenübers gesteht auch Kolbe endlich ein, dass er für furchtbare Verbrechen mitverantwortlich sei: „Wenn ein Dorf im Weg gestanden sei, hätten wir es einfach weggewischt mit Jung und Alt. Dann seien zwischen den Schutthaufen und den Leichen nur noch ein paar zerzauste Hühner herumgelaufen." (S. 199) Kolbe wünscht sich, er könnte die Uhr zurückdrehen und seine Fehler korrigieren: „Schade, dass das, was hinter mir liegt, nicht mehr geändert werden kann." (Ebd.)

Schuldeingeständnis und Wunsch nach Wiedergutmachung

Da ich keine Beziehungserfahrung (S. 200–215)

Von einem auf den anderen Tag bezeichnet Kolbe seine Nachbarin nicht mehr als „die Darmstädterin", sondern als „Margot" (S. 200). Sie wird zu einem geliebten und bedeutenden Menschen. Gleiches geschieht mit dem Baby, das er immer öfter als „Lilo" bezeichnet und immer seltener als „das Kind". Die wachsende Liebesbeziehung zu Margot verändert Veits Lebenssituation. Kolbe merkt das selbst sehr schnell: „Ich mochte Margots Gegenwart und die Gegenwart des Kindes, die beiden ließen mich ruhiger werden, ich vergaß meine Zerrissenheit und meinen Neid auf die anderen." (Ebd.) Geiger zeigt hier die Kraft der Liebe, die den Menschen verändert und ihn glücklicher werden lässt. Dazu trägt im Falle von Margot und Veit auch eine gelingende Sexualität bei. Kolbe bemerkt, dass sein sozialer Rückzug und seine selbst gewählte Isolation in den ersten Monaten in Mondsee keine Antwort auf seine Probleme waren. Vielmehr benötigte er einen Menschen, der ihn so sehr

Die Liebe zu Margot verändert Veit

Kraft der Liebe als Rettung für den Menschen

liebt, dass er „keine Angst" (S. 203) mehr haben müsse. Mit Überzeugung und Genuss wirft er sich daher in den Alltag mit Margot und Lilo, der ihn bald an eine richtige kleine Familie erinnert: „In der Früh beim Kaffeetrinken, das Kind krabbelte am Boden, Margot saß am Tisch und hielt die Windeln des Kindes durch ständiges Klopfen am Leben, neue waren nicht zu bekommen, ein weiteres Zeichen dieser Glanzzeit. Ich lehnte am Fenster, wir redeten über Allfälliges. Mehr passierte nicht." (S. 205) Kolbe findet Gefallen an der Einfachheit, Ehrlichkeit und Ereignislosigkeit des familiären Alltags. Es ist genau diese Normalität, die ihm der Krieg vorenthalten hat und die er nun im Kleinen nachzuholen gedenkt.

Rückzug ins private Familienleben statt Integration in die Gesellschaft

Eines Tages lernt er den Ehemann der Quartierfrau, den Lackierermeister Dohm, kennen, der als entschlossener Nazi Karriere gemacht hat und für kurze Zeit auf Heimaturlaub ist. Obwohl überzeugter Nationalsozialist und damit auf der falschen Seite, findet Kolbe den Karriere-Nazi erstaunlicherweise „nicht unsympathisch" (S. 208). Er schätzt dessen gewinnende Art und das „lebensfrohe Selbstvertrauen" (ebd.). Die Art Arno Geigers, selbst an den offensichtlich „bösen" Figuren seines Romans noch gute Züge zu finden, hat in der Literaturkritik ein geteiltes Echo ausgelöst. Die einen sehen in dieser Eigenart des Autors dessen positiv zu wertende Empathie für seine Figuren, die anderen monieren das Fehlen des eindeutig Bösen und Schlechten, das es zur Zeit der nationalsozialistischen Diktatur in Deutschland (1933 – 1945) nun mal gegeben habe. Dies müsse man deutlicher aussprechen.

Empathie des Autors für alle Figuren: Pro- und Kontra

Als Lilo eines Tages unglücklicherweise beim Wickeln vom Tisch fällt, erleidet Kolbe einen Rückfall. Er spürt, „wie die Angst heranflutete und mich mit sich fortnahm" (S. 219). Er flüchtet kopflos aus Margots Zimmer, nimmt ein Pervitin gegen die Panikattacke ein und merkt, wie sich die Angst „in einer großen Welle" über ihm ergießt und ihn vollständig zudeckt (ebd.). Das seltsame Verhalten Veits nimmt die verwirrte Margot zum Anlass, ihren Freund nach seinem Zustand zu befragen. Veit gibt ehrlich und aufrichtig Antwort und berichtet von „Erschießungen, denen ich seit Monaten immer wieder als Zuschauer beiwohnen musste" (ebd.). Margot zeigt Verständnis für Veit, sie beruhigt und tröstet ihn.

Veit öffnet sich Margot mit all seinen Ängsten

Die Liebesbeziehung zu Margot bleibt im Dorf nicht unbemerkt, da Veit und Margot auf ein Versteckspiel verzichten. Verärgert teilt Onkel Johann dem Neffen seine Missbilligung mit: „[…] die Leute finden, dass du schon recht lange hier herumsumpfst, sie sagen, du könntest dein Glück genauso gut an der Front versuchen." (S. 213) Veit reagiert auf diese Warnung „mürrisch" (ebd.) und wird sich bewusst, dass sein kleines, privates Glück bedroht ist und er aufpassen muss, es nicht schon bald wieder zu verlieren. Zu dieser veränderten Situation passt es, dass Veit in dem Moment nach Hause kommt, in dem der Mann der Quartierfrau in einem Akt angeblicher Tierliebe die Hündin des Brasilianers erschießt. Veit reagiert verärgert und droht, Dohm anzuzeigen, was dieser von sich weist.

Gesellschaftliche Missbilligung der Beziehung zu Margot

In der Früh packte ich (S. 216 – 229)

Veit muss nun zur Nachmusterung, einem Termin, den er fürchtet, da an seinem Ende die Wiedereinberufung zur Wehrmacht stehen kann. Er hat die Sorge, dass sein kleines privates Glück in Mondsee schon bald beendet sein wird und die Realität des Krieges ihn zurückholt. Die eingehende Untersuchung soll in Wien stattfinden, Veit reist mit dem Zug dorthin und sucht als Erstes sein Elternhaus auf. Das Verhältnis zwischen dem immer noch an den Endsieg glaubenden Vater und seinem kriegsmüden Sohn bleibt angespannt. Nachdem Veit das Grab seiner verstorbenen Schwester besucht hat, fährt er zur Kaserne weiter, wo die ärztliche Untersuchung stattfinden soll. Während der lan-

Nachmusterung

gen Wartezeit denkt er über sein Leben und den Krieg nach,
der mittlerweile sämtliche Lebensbereiche der Menschen
dominiert und keinen Raum mehr für die Wünsche und
Träume der Menschen übrig lässt: „Es gelang jetzt kaum
noch jemandem, sich in unverfänglicher Distanz zum Krieg
zu halten, alles, was jung und männlich war, riss der Krieg
mit. […] In meiner Hilflosigkeit wünschte ich mir, dass
mein Leben eingefroren wurde, bis man es in einer besseren Welt wieder in Gang setzen konnte." (S. 220)

Klage über
die Dominanz
des Krieges

Im Anschluss findet eine kurze Untersuchung des Soldaten
statt, die damit endet, dass Veit vom Arzt als „feldtauglich"
(ebd.) eingestuft wird. Doch Veit ist nicht bereit, diese Entscheidung einfach so hinzunehmen, „so leicht ließ ich mich
nicht wieder nach vorne schieben" (ebd.). Er bewirkt, dass
er am nächsten Tag von einem Facharzt untersucht wird.

Veit wehrt
sich gegen
Gesund-
schreibung

Auf seinem Weg in die Wohnung erinnert er sich wehmütig
an seine geliebte, an Schwindsucht gestorbene Schwester
Hilde. Zu Hause angekommen, formuliert der lebenshungrige Soldat einen Brief an Margot, der – zum ersten Mal in
seinem Leben – mit einer Liebeserklärung endet. Beim späteren Termin mit dem Facharzt nimmt Veit Kolbe kein Blatt
vor den Mund. Hinweise des Arztes, seine Kopfschmerzen
könnten ernsthaft erst nach Beendigung des Krieges chirur-
gisch behandelt werden, kontert der Soldat mit dem Hinweis, dass er ein Studium längst abgeschlossen hätte, wenn
es ihm von Leuten wie dem Arzt nicht „gewaltsam verna-
gelt" (S. 225) worden wäre. Der behandelnde, alte Arzt unterscheidet sich von dem an Kolbes Schicksal gänzlich un-
interessierten des Vortages. Er kann nachvollziehen, wie
sehr seinem Patienten „die verlorenen Jahre schmerzten"
(ebd.). Als Kolbe sich metaphorisch als „ausgesaugter Knochen" (S. 226) charakterisiert, kann der Arzt sein Lachen
nicht zurückhalten. Er stellt Kolbe erneut vom Wehrdienst
zurück, allerdings nur für die Dauer von acht Wochen. Veit
wird fast schwindlig „vor Glück" (S. 227). Auf der Rückreise

Vorübergehende
Verlängerung
der Krank-
schreibung

an den Mondsee zeigt sich, dass Kolbe wieder neuen Lebensmut schöpft, beim Gedanken an Margot hat er das „Gefühl, dass auch für mich ein glückliches Leben möglich sein kann" (ebd.). Wieder ist es die Wahrnehmung der lebendigen Natur – im Gegensatz zur moralisch zerstörten und im Untergang befindlichen Gesellschaft –, die Veits Empfindungen auf der Rückfahrt im Zug spiegelt. Von der anfänglichen Dauerdepression, die den Soldaten noch wenige Monate zuvor bei seiner Ankunft im Salzkammergut charakterisierte, findet sich nun keine Spur mehr: „Und dann kam die Sonne heraus, und die ersten Seen wurden sichtbar. Ich kam Mondsee immer näher. Ich hätte jauchzen mögen." (S. 228) Die Naturidylle, die er auf seinem Fußmarsch vom Bahnhof nach Hause in die Arme der auf ihn wartenden Margot beschreibt, kann fast als romantisch bis kitschig bezeichnet werden: „Die Heckenrosen blühten, die Wiesen leuchteten von Blumen, ich freute mich, dass die Wiesen noch nicht gemäht waren. Und gleich hinter dem Gewächshaus stand wie zur Begrüßung ein Reh vor einem Zauntritt. Ich musste tief durchatmen, um mein Herz etwas zu beruhigen." (Ebd.) Weil er der Vernichtungsmaschinerie des Krieges vorerst entkommen ist, empfindet er Glück und Zuversicht. Das geht fernab der Gesellschaft, im reinen Raum der unverfälschten Natur, und in den Armen Margots.

Veit hat sich verändert *(Marginalie)*

Glück nur bei Margot und in der Natur *(Marginalie)*

Ich bin immer noch ganz verwirrt (S. 230 – 244)

Der Haupterzählstrang des Romans – die Kolbe-Handlung – wird nun ein zweites Mal unterbrochen. Aus Wien meldet sich der siebzehnjährige Kurt Ritler zu Wort, der einen langen Brief an die jetzt seit drei Monaten verschwundene Cousine Nanni schreibt. Der junge Mann ist immer noch voller Hoffnung, seine geliebte Cousine bald wiedersehen zu können. Zu Beginn berichtet er vom Wiener Alltag. Als Mitglied der Hitler-Jugend fährt er tagsüber mit seinem Freund Ferdl vor die Tore Wiens, um dort als sog. Horcher, in einer Dun-

Kurt Ritler schreibt sehnsuchtsvoll aus Wien an Nanni *(Marginalie)*

Alltag als „Horcher" *(Marginalie)*

kelkammer sitzend, mithilfe eines Horchgerätes den Himmel nach feindlichen Flugzeugen abzuhören. Ritler hat damit Schwierigkeiten, denn „es herrscht beständiger Lärm in der Luft […]" (S. 233). Seine spezifische Diagnose kann man – symbolisch verstanden – auf den Zustand der ganzen Gesellschaft erweitern: „Es ist ein großes Durcheinander. Und dann hoffe ich, dass in das große Durcheinander sich deine Stimme mischt und dass ich das Gerät auf deine Stimme ausrichten kann." (Ebd.) Hier findet sich eine Ähnlichkeit zu Veit Kolbe: So wie dieser sein Glück mit Margot gefunden hat, hofft auch Ritler auf die Liebe als Rettungsanker. Sentimental erinnert er sich an die Träume, die er vor dem Krieg hatte, „nach Amerika und mit einem guten Motorrad einige Jahre durchs Land fahren, mir einmal ein bisschen Geld, einmal ein bisschen Essen stehlen und einfach Freude am Leben haben" (S. 235). In seiner Wehmut und Trauer über die verpassten Lebenschancen ähnelt Ritler auch an dieser Stelle Veit Kolbe.

Ähnlichkeit mit Veit Kolbe:
• *Liebe als Rettungsanker*

• *Trauer über verpasste Lebenschancen*

Ritler berichtet von seiner emotionalen Annäherung mit der Mutter Nannis, die wie er selbst noch auf eine Rückkehr der Tochter hoffe. Nur mit Glück, so berichtet der junge Mann, habe er einen Bombenangriff der Alliierten überlebt, ansonsten leide er tagsüber in der Baracke sitzend vor allem unter Langeweile. Auch der Schulunterricht stelle keine Abwechslung mehr her, da beschlossen worden sei, dass allen Schülern als „Teil der Totalverpflichtung" (S. 243) das letzte Schuljahr erlassen werde. Der Krieg benötigt, so die Erkenntnis, keine eifrigen Lerner, sondern opferbereite und kampfeslustige junge Männer. Anders als noch in seinem ersten Brief zeigt sich Ritler dieses Mal deutlich pessimistischer und verzweifelter. Er endet mit der herzzerreißenden Frage: „Wo bist du, Nanni?" (S. 244) Ritler wird sich bewusst, dass der Krieg seinen Träumen einen Strich durch die Rechnung macht und dass er als junger Mensch die Zusammenhänge nicht mehr durchschaut.

Kampf ums Überleben im Bombenhagel

Verzweiflung über Undurchschaubarkeit der Verhältnisse

Vorwurfsvoll und fragend-fatalistisch beendet er seinen langen Brief an seine geliebte Cousine: „Ich versteh die ganze Geschichte nicht. Ich versteh nicht, was ihr von Nanni und mir wollt." (S. 244) Wie auch Veit Kolbe kämpft Kurt Ritler um sein eigenes, kleines privates Glück. Wie auch Veit Kolbe hat er damit zu kämpfen, dass sein Gegner – der Krieg – ungleich größer, unangreifbar, für den Einzelnen unsichtbar und anonym erscheint. Das macht ihn schlecht fassbar, der Krieg lässt sich nicht stellen. Was Kolbe als 24-jähriger, erfahrener Soldat im Akt der Reflexion erkennt, fühlt der junge Ritler mit seinem Herzen.

Der Abschied von Wien (S. 245 – 263)

Der zweite Brief Oskar Meyers

Auf den zweiten Brief des jungen Rekruten Kurt Ritler folgt der zweite des jüdischen Zahntechnikers Oskar Meyer an seine Cousine Jeannette. Er beginnt mit wehmütigen Erinnerungen an die alte Heimat in Wien. In der neuen Heimat Budapest lebt die Familie Meyer unter erschwerten Bedingungen, so schlafen sie anfangs zu dritt in einem Bett. Das ändert jedoch nichts daran, dass sich die Stimmung deutlich verbessert: „Und zum ersten Mal nach langer Zeit begannen wir glückliche Pläne für die Zukunft zu schmieden." (S. 247) Oskar sieht mit Freude, wie Wally und Georgili wieder etwas Farbe im Gesicht bekommen und sich erholen. Am 29. Februar 1944 bemerkt Meyer, „wie rasch das Leben vergeht und wie langsam der Krieg" (S. 248). Seine Tage verbringt er mit dem Erlernen der ungarischen Sprache, des Nachts arbeitet er kurzzeitig in einer Papierfabrik, bis eine Verletzung dies unmöglich macht.

Hoffnung auf ein neues Leben in Budapest

Bedrohung durch Einmarsch der Deutschen

Schnell ändert sich die Situation, als Georgili wieder krank wird und die Deutschen in Ungarn einmarschieren. Meyer wird bewusst, dass es ein Fehler gewesen sein könnte, „nach Budapest zu kommen" (S. 251). Denn auch hier scheint ihr Leben zunehmend bedroht. Meyers Leben besteht nur noch darin, um Geld und Hilfe zu bitten und sich

So ähnlich wie auf dieser Abbildung können wir uns Oskar
Meyer, Wally und Georgili vorstellen.

möglichst unauffällig in den Straßen Budapests zu bewegen, da er wie alle Juden von den tödlichen Verfolgungen
durch die Deutschen Kenntnis hat: „In solchem Tageslauf
zehrt sich das Leben auf, immer mit eingezogenem, ge-
senktem Kopf, damit ich möglichst unbemerkt vorbeikom-
me, ich achte sorgsam darauf, kein Aufsehen zu erregen,
bin ein Duckmäuser geworden." (S. 252)

Gefahrvoller und
beschwerlicher
Alltag

Die unerhörten Gerüchte von Konzentrationslagern und
Gaskammern, in denen die Deutschen die europäischen
Juden systematisch ermordeten, kann Oskar Meyer jedoch
nicht glauben (vgl. S. 254). Beim Blick in den Spiegel erkennt der Wiener Jude, wie sehr der Krieg an ihm zerrt. Ein
körperliches Wrack, „zu nichts mehr zu gebrauchen"
(S. 256), macht er aus seiner Verzweiflung keinen Hehl
mehr. Eine erschütternde Akkumulation (Aufzählung)
macht dies deutlich: „Ein heimatloser Flüchtling, ein hei-
mat- und staatenloser Mensch, unter falschem Namen, mit
falschen Papieren, in der falschen Zeit, im falschen Leben,
in der falschen Welt." (Ebd.)

Meyer glaubt
Gerüchten nicht

Akkumulation
der Verzweiflung

Fluchtpläne mit Wally

Gemeinsam mit seiner Frau Wally beschließt er, weiter nach Rumänien zu flüchten. Doch es stellt ihn vor kaum zu überwindende Hürden, die dafür notwendigen gefälschten Papiere zu besorgen. Der 16. Juli 1944 wird zum Schicksalstag für die Familie, als Meyer am Nachmittag bewusst wird,

Wally und Georgili verschwinden spurlos

dass Frau und Kind vom morgendlichen Sonntagsschulunterricht nicht zurückkehren. Er erhält die Information, dass sie offenbar in eine Razzia deutscher Soldaten geraten sind, „niemand konnte mir nähere Auskunft geben" (S. 259). Von einem Moment auf den anderen verliert Meyer nun sein „Gleichgewicht" (S. 260). Alles, was ihn bisher noch am Leben hielt – der Kampf um das Leben seiner geliebten Familie –, ist ihm verloren gegangen: „Die Lebensweise, die jeder Mensch in sich trägt, ist mir genommen. Du drehst dich um und willst etwas sagen, aber da ist niemand. In so belanglosen Momenten wird mir bewusst, wie

Verzweiflung und Selbstvorwürfe

sehr mir Wally fehlt." (S. 261) Metaphorisch versucht er, seine Verzweiflung zu veranschaulichen: „Es regnet, ich bin erschöpft, ganz bestürzt, dass mich das Leben so in die Ecke tritt." (Ebd.) Meyer macht sich große Vorwürfe, dass er nicht besser auf seine Lieben aufgepasst hat. Auch mit dem Schreiben kann er nicht weitermachen, da er aus lauter Verzweiflung keine Kraft mehr dafür aufbringen kann: „Es ist alles zu traurig, ich bin fast am Ende meiner Nervenkraft. Es gibt keine Hilfe mehr." (S. 263) Am Ende seines Briefes hat Meyer keine Hoffnung mehr.

Wie ich in der Lebenszeichenkarte (S. 264 – 278)

Margots Mutter schreibt ein zweites Mal aus Darmstadt

Auch Margots Mutter aus Darmstadt schreibt nun zum zweiten Mal an ihre Tochter im fernen Österreich. Sie schreibt aus einer völlig zerstörten Großstadt: „Darmstadt ist 99 % kaputt." (S. 264)

Die patente Frau berichtet erschüttert von der flächendeckenden Bombardierung ihrer Heimatstadt. Beim Luftangriff auf Darmstadt wurde die Hauptstadt des damaligen

So sah das Zentrum Darmstadts – der Luisenplatz – nach der Bombennacht vom 11. September 1944 aus.

Volksstaates Hessen in der Nacht vom 11. auf den 12. September 1944 – der sogenannten „Brandnacht" – von britischen Lufteinheiten des RAF Bomber Command weitgehend zerstört. Dem Angriff auf die dicht besiedelte Innenstadt fielen etwa 11 500 Menschen zum Opfer, über 66 000 Menschen von damals 110 000 Einwohnern wurden obdachlos. Rund 20 Prozent der Opfer waren Kinder unter 16 Jahren. Auf 100 tote Männer kamen 181 tote Frauen.[1]

Mithilfe einer Wiederholung beschreibt die vom Flächenbombardement der britischen Fliegereinheit verängstigte Frau ihre Eindrücke: „Der Himmel dröhnte, die Erde dröhnte, die Luft im Keller dröhnte. Es kam einem vor, als fielen Berge herunter." (S. 264) Auch wenn sie selbst „nur Schaden an Dach und Fenstern" (S. 265) feststellen muss, äußert Lore Neff den Wunsch nach dem baldigen Ende des

Angst und Überdruss am Krieg

---

[1] Klaus Schmidt: Die Brandnacht. Dokumente von der Zerstörung Darmstadts am 11. September 1944. Schlapp: Darmstadt 2003

Krieges, zu grauenhaft sind die Auswirkungen auf den einzelnen Menschen, auf Familien und Freunde: „Hoffentlich ist's bald rum." (Ebd.) Fast stoisch zählt Margots Mutter die Todesopfer in der Familie auf und beinahe skurril wirken ihre Ausführungen, als sie von der provisorischen Beerdigung der Verwandtschaft schreibt: „Tante Emma und Onkel Georg sind zu siebzehnt in einen Sarg gekommen, lauter Knochen der Hausgemeinschaft." (S. 269) Was wie eine Hyperbel (Übertreibung) klingt, ist die grausame Wahrheit des Krieges, die auch Eindruck auf die überlebende Frau macht: „Das Gruseln kommt nicht aus einem raus, wenn es Abend wird." (Ebd.) Neben den erschütternden Umständen in Darmstadt berichtet Lore Neff auch vom Verbleib ihres Mannes, sie weist zudem den Wunsch Margots nach Zusendung von Schuhcreme und Ähnlichem zurück. Auch an den ihrer Ansicht nach unrealistischen Wünschen der jüngeren Tochter Bettine in Berlin äußert sie Kritik und hofft, dass beide zur „Vernunft" (S. 273) kommen und sich endlich auf das Lebensnotwendige beschränken. Margot solle ihren unpassenden Wunsch nach „Schleifchen" (S. 276) und Friseurartikeln vergessen und stattdessen, so ihr lebenspraktischer Wunsch, „weiterhin Zwiebeln" essen, „sie sind gesund" (S. 278). Bei allen Ermahnungen endet auch dieser Brief versöhnlich und liebevoll, Lore Neff legt ihrer Tochter sogar etwas Geld bei. Insgesamt gibt ihr Brief glaubwürdig Auskunft über das Leid der städtischen Zivilbevölkerung nach der Bombardierung der südhessischen Stadt.

Absurditäten des Krieges

Ermahnung und Zurechtweisung der fernen Tochter

Funktion des Briefes

In der zweiten Juliwoche (S. 279 – 292)

Auf die drei eingeschobenen Briefe Kurts, Oskars und Lore Neffs folgen die weiteren Ausführungen des Protagonisten Veit Kolbe. Es ist mittlerweile Juli und das Leben Kolbes unterscheidet sich von dem der drei Figuren, die vor ihm zu Wort gekommen sind, wesentlich. Veit Kolbes Leben hat sich zum Besseren gekehrt und verantwortlich dafür ist sei-

Während die Welt untergeht, verbessert sich Veits Gefühlsleben stetig

ne ihn verändernde Liebesbeziehung zu Margot: „Weil die Liebe sogar den Krieg von einem entfernt, hatten mich die Wechselfälle der Weltgeschichte seit meiner Rückkehr aus Wien nur von weitem erreicht." (S. 279) Zwar erfährt der Soldat, was draußen in der Welt geschieht: Ein Attentat auf den Führer Adolf Hitler scheitert, feindliche Truppen rücken vor. Doch Kolbe zeigt daran kaum Interesse, denn er empfindet sein kleines, bürgerliches Leben, sein Familienidyll mit Margot und Lilo im Schutze des Gewächshauses, als großen Gewinn: „Neben Margot hatte ich die Hoffnung, ein normaler Mensch zu werden, ein Mensch wie andere normale Menschen." (S. 281) So ist es kein Wunder, dass ihn das Wachstum der Tomaten und Zwetschgen mehr zu interessieren scheint. Seinen erkrankten Onkel kann er deshalb gut mit Gemüse und Obst aus dem Garten des Brasilianers versorgen. Als Margot sich nach einem Spaziergang verspätet, macht Veit sich großes Sorgen um ihren Verbleib, eine erneute Panikattacke, die er mit Pervitin erstickt, ist die Folge. Bald ist September und der Zweite Weltkrieg geht in sein sechstes Jahr. Für Kolbe scheint der Krieg angesichts der Offensive der feindlichen Kräfte entschieden und er bedauert sarkastisch das deutsche Durchhaltevermögen, das nur sinnlos weitere Menschenleben kosten wird: „Doch aufhören? Das wäre total gegen den Stil des Hauses gewesen." (S. 289)

Hoffnung auf ein normales Leben

Als Margot auf einem ausländischen Sender von der erfolgreichen Bombardierung Darmstadts erfährt, fällt sie auf ihr Bett und weint. An dieser Stelle zeigt sich die formale Verbindung der Briefe und Tagebuchaufzeichnungen: Vor diesem Kapitel schreibt Lore Neff aus Darmstadt über die Situation in der Stadt, in diesem Kapitel erfolgt die „Antwort" durch die Radiodurchsage und die entsprechend verzweifelte Reaktion der um ihre Mutter besorgten Tochter. Zuerst durch den Brief einer ehemaligen Arbeitskollegin Margots erfährt diese von den furchtbaren Folgen der Darmstädter

Margot erfährt von der Darmstädter Bombennacht

Bombennacht. Die Unmenschlichkeit und Härte des Krieges wird auf schockierende Weise veranschaulicht: „Manche Leichen hätte man für Kinder halten können, wenn man es nicht besser gewusst hätte, so seien die Körper in der Hitze geschrumpft." (S. 292) Margot zeigt sich von diesen Nachrichten verständlicherweise geschockt. Erst als es ihr wider Erwarten gelingt, einen verletzten Vogel zu retten, kehrt ihr Lächeln zurück (vgl. ebd.). In Zeiten des Krieges und Todes gelingt ihr es, im Kleinen einen Kontrapunkt zu setzen: Sie rettet Leben, wo andere es nehmen. Dem allgegenwärtigen Tod setzt sie das Leben entgegen.

Aus dem Misthaufen stieg Rauch auf (S. 293–303)

Rückkehr des Brasilianers

Im September, also zu Beginn von Veit Kolbes neuntem Monat unter der Drachenwand, kehrt der Brasilianer aus der Haft zurück. Kolbe bemerkt, dass die vier Monate im Gefängnis ihre Spuren hinterlassen haben: „Wenn er redete, zitterte die Oberlippe nach, als hätte er etwas ganz anderes sagen wollen. Auch die Hände wussten nicht wohin. Der ganze Mensch war nervös." (S. 294) Das hat auch Folgen für den normalen Alltag, den Kolbe und der Brasilianer wieder aufnehmen wollen. Kolbe fällt erstmals die „Unbeholfenheit und Überforderung" (S. 296) auf, die seinen alten Freund neuerdings bei der Arbeit charakterisiert. Körperlich zwar deutlich dezimiert, nutzt der Brasilianer weiterhin die Waffe des Wortes, um seinen ungebrochenen Wi-

Körperlich ein Wrack, setzt sich der Brasilianer metaphorisch zur Wehr

derstandswillen zu äußern. Metaphorisch spricht er von Deutschland als ein auf Grund gelaufenes „Sklavenschiff", das dringend auf eine „Befreiungsfahrt" (S. 297) müsse.

Sehnsucht: Leben in Brasilien

Das Ziel dieser Fahrt in die Freiheit ist dabei das gleiche wie vor seiner Haft: Perttes träumt beim Hören südamerikanischer Lieder von der Wärme und Menschlichkeit Brasiliens: „Weißt du, Menino, die Menschen in Brasilien haben nichts Grobes, Auftrumpfendes oder Anmaßendes. Es sind stille, träumerische, sinnliche Menschen. Das fehlt hier alles."

(S. 298) Auch wenn der Brasilianer durch die Misshandlungen im Gefängnis körperlich und psychisch abgebaut hat, ist sein Glaube an ein baldiges Endes des Dritten Reiches und der Herrschaft des Nationalsozialismus ungebrochen: „H. (= Hitler, Anmerkung von T. S.) ist auch so ein Unbehauster, aber er tanzt schon das sechste Jahr mit den Toten. Und wie er aus dem Nichts aufgetaucht ist, wird er mit seiner Horde wieder im Nichts verschwinden." (Ebd.) Er lässt trotz dieser optimistischen Aussicht auf eine menschlichere Zeit ohne Hitler und die Nazi-Diktatur keine Zweifel daran, dass er das Land dennoch zu verlassen plant: „Ich gehöre nach Brasilien." (S. 300) Von der konkreten Kritik an den Lebensbedingungen in der menschenverachtenden Diktatur kommt der Brasilianer im Gespräch mit Veit Kolbe ins Grundsätzliche. So fordert der überzeugte Vegetarier eine generelle und absolut geltende Abwendung von der Kultur des Tötens, die von angeblicher Zivilisiertheit nur übertüncht und getarnt werde: „Deshalb wird die Menschheit erst dann wieder Frieden finden, wenn sie selbst nicht mehr tötet, auch Tiere nicht, und wenn sie endlich aufhört, das Fleisch der Tiere zu fressen, wie eine Hyäne, nur mit dem Unterschied, dass der Mensch die Tiere mit Instrumenten tötet, das Fleisch kocht, spickt und auf Meißener Porzellan serviert." (S. 300)

Während Kolbe durch sein aufmerksames Zuhören seine Zustimmung signalisiert, wagt es die ebenfalls anwesende Margot, den Brasilianer zu kritisieren. Sie stört sich an seinem Wahrheitsanspruch: „Es scheint, dass wirklich nur die Ostmärker in der Lage sind, die Wahrheit zu erkennen." (S. 301) Zum Streit zwischen den beiden kommt es nur deshalb nicht, weil Margot dem Brasilianer ihr Kind zur Betreuung überlässt und mit Veit in ihrem Zimmer verschwindet, wo die beiden miteinander schlafen (vgl. ebd.). Im Anschluss zeigt sich, wie sehr Veit Kolbe sich im Laufe seiner Zeit in Mondsee verändert hat. Er stellt sich die selbstkriti-

Töten als grundsätzliches Problem

Plädoyer für Vegetarismus

Kritik von Margot

Glück und Verdrängung bei Veit Kolbe

sche Frage „Warum nur war mir mein Leben immer so grau vorgekommen?" (S. 302) und stürzt sich im Anschluss erneut in das kleine, unscheinbare Idyll im Garten des Brasilianers, das aus dem Gewächshaus, Gärtnerarbeit, Musikhören, Unterhaltungen, Spielen mit dem Kind und dem Liegen in einer Hängematte besteht. Mit schlechtem Gewissen aber muss der glückliche Soldat gelegentlich daran denken, dass er den Termin für die erneute Untersuchung beim Amtsarzt bereits um sechs Wochen verpasst hat. Kolbe merkt: Er kann dem Moloch „Krieg" nicht entkommen.

Den Onkel traf ich im Freien (S. 304 – 317)

Onkel Johann fehlt es an Tabak und guter Laune

Veit Kolbe besucht seinen Onkel. Dieser informiert seinen Neffen über seinen sich verschlechternden gesundheitlichen Zustand. Mit dem Rauchen will er – anders als vom behandelnden Doktor angeraten – dennoch nicht aufhören. Das Zigarettenrauchen scheint ihm überhaupt das Wichtigste zu sein, das er in seinem öden Alltag noch zu schätzen weiß. Dabei leidet er darunter, dass ihm täglich nur drei Zigaretten zugeteilt würden, was eindeutig zu wenig sei. Onkel Johann bittet Veit darum, „etwas Rauchtabak aufzutreiben […]. Ich habe sonst kein Verlangen mehr als meine Zigaretten, und wenn ich die nicht habe, freut mich gar nichts mehr." (S. 307) Als er die ablehnende Haltung Veits bemerkt, ändert er das Thema und informiert Kolbe kalt darüber, dass man seinen Freund Perttes, den

Warnung an den Brasilianer

Brasilianer, stets im Blick habe und seine Umtriebe mit Argusaugen beobachte. Einer weiteren Verhaftung könne dieser entgehen, wenn er die vermuteten Zigarren, die er früher aus Brasilien zu Weihnachten erhalten habe, dem Onkel zur Verfügung stelle. Diese erpresserische Drohung erweitert der Onkel am Ende des Gesprächs auch auf seinen Neffen: „Auch du brauchst jemanden, der auf dich aufpasst." (S. 308) Später erhalten Margot und Veit in ihrer gemeinsamen Wohnung Besuch von ihrer Vermieterin, der

Quartierfrau. Diese überreicht ihrem männlichen Mieter mit hämischem Gesichtsausdruck ein Flugblatt, das alle wehrfähigen Deutschen zum Dienst an der Waffe auffordert. Die Quartierfrau macht zum wiederholten Mal keinen Hehl aus ihrer Einschätzung, dass Kolbe sich um den Kampf an der Front drücke. Bösartig spricht sie von ihm als dem „Wiener Drückeberger, der mit seiner reichsdeutschen Hure mitten im fetten Klee sitzt" (S. 311 f.). Kolbe wird der von Trude Dohm ausgeübte Druck zu groß, sodass er sich entschließt, seine Papiere in Ordnung zu bringen und sich in Vöcklabrück begutachten zu lassen. Er weiß, dass er die Rückmeldefrist um mehr als sechs Wochen verpasst hat und er daher in einer heiklen Situation steckt, „schlimmstenfalls drohte mir das Kriegsgericht" (S. 312). Doch in der Kaserne angekommen, nutzt der ängstliche Soldat blitzschnell die Gunst der Stunde. Als er das Schreibzimmer unbesetzt vorfindet, stempelt er hastig zwei Bögen Papier und verlässt kaltschnäuzig und problemlos den Kasernenbetrieb. Als die Aufregung nachlässt, spürt Kolbe „auf eine neue Weise, dass ich mit dem ganzen Scheiß nichts mehr zu tun haben wollte, ich wollte mein kleines Privatleben führen, wie es in einer besseren Welt selbstverständlich wäre" (S. 313). Zurück in Mondsee, beschenkt er Margot mit neuer Unterwäsche und bemerkt, wie viel Freude ihm das Schenken bei Margot macht: „Bei Margot war alles fröhlich, herzlich und natürlich." (S. 314) Auch hier zeigt sich die Überzeugung, dass es Ehrlichkeit, Ursprünglichkeit, Reinheit und echte Emotionen nur im Privaten, in der Familie und Liebe gibt. Später sucht er erneut seinen Onkel auf und bringt diesem Tabak vorbei. Mithilfe eines Tricks gelingt es Kolbe, für eine Weile allein im Büro seines Onkels zu sein. Diesen Moment nutzt er dazu, auf den in der Kaserne gestohlenen Papieren den ärztlichen Befund und die Unterschriften für seine Zurückstellung für August bis Oktober zu fälschen. Die Aussicht auf

Ärger mit der Vermieterin

Ärztliche Begutachtung: Kolbe stiehlt Originalpapiere

Umgangssprache

Kolbe fälscht das ärztliche Attest und verlängert seinen Aufenthalt in Mondsee

zwei weitere Monate in Sicherheit heben Kolbes Laune merklich. Als er das Büro verlassen will, kehrt sein keuchender Onkel zurück mit der Information, „die Leiche von Nanni Schaller ist gefunden worden, sie liegt in der Drachenwand" (S. 317).

Die Leiche des Mädchens Annemarie Schaller (S. 318–329)

Fund in der Drachenwand: Nannis Leiche

Es stellt sich heraus, dass die Leiche Nannis von zwei in der Drachenwand bergsteigenden Soldaten aufgefunden wurde. Eine Untersuchung durch Veits Onkel Johann Kolbe ergibt, dass es sich um einen tragischen Unglücksfall handelt. Offensichtlich ist das junge Mädchen beim Besteigen der Drachenwand in einem Moment unachtsam gewesen und etwa hundertfünfzig Meter in die Tiefe gestürzt. Die Nachricht von Nannis Tod sorgt für einige Tage Trauer in Mondsee. Der Tod des jungen Mädchens ruft bei Kolbe Erinnerungen an gemeinsame Begegnungen wach. Beschämt muss er daran danken, dass er den Wunsch Nannis, bei ihrer Mutter um Verständnis für ihre junge Liebe zu Kurt zu werben, feige abgewehrt hatte. Anders als die Bewohner Mondsees deutet der Soldat Nannis Entschluss, den gefährlichen Berg allein zu besteigen, nicht als Ausdruck jugendlichen Leichtsinns, sondern als „etwas Selbstbestimmtes" (S. 320). Er bewundert das Mädchen für den außergewöhnlichen Mut, ihren Traum realisiert zu haben. Das macht das Mädchen zu einer Ausnahmefigur, dass sie in ihren frühen Jahren keine Mitläuferin ist, sondern ihren eigenen Weg geht und sich davon auch nicht von der (korrumpierten) Gesellschaft abbringen lässt. Kolbe beschließt daher, einen Brief an Kurt zu schreiben, verschiebt diesen Plan jedoch auf später.

Bewunderung für Nannis Mut

Erinnerung an eigene Fehler an der Front

Der gewaltsame Tod Nannis führt bei Kolbe dazu, dass er sich daran erinnert, wie er an der russischen Kriegsfront gemeinsam mit Kameraden mit dem Totenschädel eines

Kriegsopfers Fußball gespielt hat, „ich weiß auch nicht"
(S. 323). Kolbes Nachsatz „ich weiß auch nicht" macht
deutlich, dass er sich mit dieser Erinnerung nicht wohlfühlt. Offenbar weiß er, dass sein damaliges Verhalten
unethisch, würdelos und moralisch falsch war. Dennoch
versucht er, seine Verantwortung etwas von sich zu schieben, indem er ein anderes Motiv als Überheblichkeit und
Menschenverachtung betont: „Ich glaube, wir taten es aus
Respektlosigkeit gegen den Tod, nicht aus Respektlosigkeit
gegen den Toten. Der Tote hätten wir selbst sein können."
(S. 323) Diese kurze Textstelle ist eine von wenigen, an denen der Leser bzw. die Leserin Informationen über die Ver-
wicklung Kolbes in mögliche Kriegsverbrechen der Wehrmacht erhält. Bei aller Sympathie, die sich aufseiten des
Lesers bzw. der Leserin über die bisherigen gut 300 Seiten
während der Lektüre aufgebaut haben dürfte, sollte man
nicht vergessen, dass es sich bei Veit Kolbe um ein Mitglied
der deutschen Wehrmacht handelt, die auf ihren Feldzü-
gen im Auftrage Hitlers unendliches Leid über die (ost-)eu-
ropäische Zivilbevölkerung gebracht hat.

Beteiligung an Kriegsverbrechen?

Die Abbildung zeigt, wie ein Kommando der Wehrmacht 1941
serbische Geiseln erschießt.

Heutzutage stehen die Verbrechen der Wehrmacht, insbesondere an der Ostfront, an der auch Veit Kolbe gekämpft hat, außer Frage. Millionen von Menschen sind ihnen zum Opfer gefallen. Es ist kein Wunder, dass Veit Kolbe nur sehr selten über seine persönliche Verantwortung spricht bzw. sprechen möchte.

Beerdigung Nannis

Nanni wird in Mondsee begraben. Bei ihrer Beerdigung sind viele Bürger des Ortes anwesend. Die Mädchen aus Schwarzindien marschieren in Uniformen und „in kompakten Blöcken" (S. 324) eine Kolbe verstörende „Leni-Riefenstahl-Choreografie"[1] (ebd.) ab. Der Soldat stört sich daran, dass echte, individuelle Trauer nicht zugelassen wird, das antrainierte und unglaubwürdige Verhalten der Mädchen

Lebenshunger statt Todessehnsucht

empfindet er als „Kinderdressur" (ebd.). Auch mit den tröstend gemeinten Worten des Pfarrers kann der lebenshungrige Kolbe nicht viel anfangen: „Aber dass der Tod die Erlösung sein soll? Ich weiß nicht, ich kann mir was Besseres vorstellen, als in einer Holzkiste ein paar Meter unter der Erde begraben zu liegen, während Würmer und Käfer sich an meinem toten Fleisch erfreuen." (S. 325) Kolbe empfin-

Trost durch Lilos Lebensfreude

det wirkliche Trauer um Nanni; echten Trost zieht er aus der kleinen Lilo, die in kindlicher Freude auf einem Grasstreifen zwischen den Gräbern auf dem Friedhof herumkrabbelt und sich unbekümmert ihres Lebens erfreut (vgl.

Metaphorik: erneute Kritik am Krieg

ebd.). Kolbe beschreibt den empfundenen Kontrast zwischen der Schönheit des Lebens, an der sich der Mensch erfreuen dürfe, und der Sinnlosigkeit des Krieges in Form einer Metapher: „Denn was war der Krieg anderes als ein leerer Raum, in den schönes Leben hineinverschwand?" (S. 327)

---

[1] Leni Riefenstahl (1902–2003) war eine umstrittene deutsche Filmregisseurin, deren innovative Filmtechniken sie in den Dienst des nationalsozialistischen Regimes stellte.

Es ist immer noch hell genug zum Schreiben (S. 330 – 340)

Neben Margot und dem Brasilianer gibt es eine weitere Konstante in Veit Kolbes Jahr in Mondsee, von der er ausschließlich profitiert: das Schreiben. Kolbe merkt, wie es ihm hilft, mit seiner Situation ins Reine zu kommen, und nutzt daher jede Gelegenheit: „Es ist immer noch hell genug zum Schreiben." (S. 339)

Veit Kolbe wird des Schreibens nicht müde: Er führt immer noch Tagebuch

Funktion des Tagebuchschreibens: Warum Veit Kolbe erzählt

- Er würdigt im Schreiben, was er durchlebt hat.
- Er reflektiert die Vergangenheit, die seine Gegenwart prägt.
- Er kann planen, seine Ängste zu überwinden.
- Er findet heraus, wer er ist und wer er zukünftig sein will.
- Er übt Dankbarkeit für die kleinen Dinge.

Unterdessen bekommt die Quartierfrau erneut Besuch von ihrem Mann, dem Lackierermeister Dohm. Kolbe fühlt sich „unbehaglich" (S. 333) in seiner Nähe, verhält sich aber unauffällig und passiv gegenüber der Nazi-Größe. Ganz anders der Brasilianer, der seine Abneigung gegenüber seinem Schwager nicht verbergen möchte und diesen – wie den Führer Adolf Hitler – für ein „kleines Würstchen" (S. 334) hält. Die gegenseitigen Beleidigungen arten eines Tages in ein regelrechtes „Schreiduell" (S. 337) aus, in dessen Rahmen der Brasilianer den Führer Adolf Hitler auf das Unflätigste beleidigt, was dazu führt, dass Dohm seinem Schwager eine Pistole auf das linke Auge drückt, jedoch nicht schießt: „Einen wie dich spuck ich nicht einmal an." (S. 338) Der Karriere-Nazi verlässt vorerst den Ort und fährt mit einem Motorrad davon, der Brasilianer aber weiß, dass der Streit nicht ohne Folgen für ihn bleiben wird, und er bedauert vor Kolbe seine übersteigerte Emotionalität, die ihm schon bald großen Ärger einbringen wird. Er entschließt sich, sein Wohnhaus sofort zu verlassen und sich in

Konflikt zwischen dem Brasilianer und seinem Schwager, dem Lackierermeister

Entscheidung zur Flucht

Sicherheit zu bringen. Ihm ist klar, dass es jetzt um sein Leben geht: „Ich weiß, dass ich ein Idiot bin, Menino. Aber kein so großer Idiot wie andere, deshalb werde ich jetzt von der Bildfläche verschwinden. Lieber ins eigene Loch als in deren Loch. Mag man das eigene Loch auch mit Ratten teilen, so ist es doch besser, weil selbst gewählt." (S. 339)

Der Brasilianer wählt die Freiheit

Kolbe bewundert den „Flüchtling" (S. 340) für seinen Mut und seine Entschlusskraft. Er erkennt, dass es einem Menschen wie dem Brasilianer darum gehen muss, seine Freiheit zu bewahren, die er dem drohenden „Sklavendasein" (ebd.) jederzeit vorziehen wird.

Ich schaute mich in den Zimmern um (S. 341 – 355)

Einige Tage nach dem folgenreichen Streit mit seinem Schwager kommt es zur Abreise des Mannes der Quartierfrau. Erstaunlicherweise findet er davor versöhnliche Worte für Veit. Er nimmt den jungen Soldaten zur Seite und bittet ihn, „ein wenig auf seine Frau aufzupassen" (S. 343). Diese sei im Grunde ein guter Mensch, leide jedoch unter einem eingeklemmten Nerv und habe daher starke Schmerzen. So lasse sich erklären, dass sie oft bösartig auf ihre Mitmenschen wirke. Auch an dieser Stelle wird deutlich, was der Literaturkritiker Denis Scheck meint, wenn er von Arno Geiger als einem „Empathiemonster"[1] spricht: Der Dichter findet für jede seiner Figuren noch gute Worte, er hält sie weder für absolut gut noch für absolut böse. Selbst eine fanatische Anhängerin Adolf Hitlers wird nicht völlig verurteilt, sondern ihr Verhalten wird zu erklären versucht.

Alle Figuren Arno Geigers haben ihre guten Seiten

Margot und Veit verlieren das Gewächshaus – Unterbringung von Flüchtlingen

Kaum ist Dohm abgereist, kommt ein Treck mit Flüchtlingen an, von denen ein Teil im Haus des Brasilianers ein-

---

[1] www.stuttgarter-schriftstellerhaus.de/mit-aeusserster-sorgfalt-recherchiert-und-dann-erfunden-arno-geiger-im-stuttgarter-stadtarchiv/ (10.08.2020)

quartiert wird. In letzter Minute gelingt es Margot, den Plattenspieler und die Schallplatten aus dem Gewächshaus zu holen. Schnell wird der Gärtnereibetrieb zu Veits Leidwesen von den Flüchtlingen übernommen.

Veit Kolbe macht sich Gedanken über den immer noch andauernden und alles und jeden betreffenden Krieg: „Der totale Krieg war ein totaler Betrug." (S. 345) Insbesondere stört er sich daran, dass die Nationalsozialisten selbst kurz vor ihrer Niederlage nicht davor zurückschrecken, noch halbe Kinder – „Buben mit Pfirsichpflaum auf den Wangen" (ebd.) – zum Dienst an der Waffe einzuberufen. Die Entscheidung der politischen Führung, selbst Kindersoldaten für ein falsches und militärisch auch nicht mehr zu erreichendes Ziel zu opfern, hält Kolbe für „wahnwitzig und menschenfeindlich" (ebd.). Während der Starrsinn der alten Männer, die Hitler immer noch zujubelten, „Kälte" (ebd.) in ihm aufsteigen lässt, empfindet er tiefes Mitgefühl mit den Kindern, die nun sinnloserweise ihr Leben riskieren müssen. Auch das selbstgefällige Gehabe seines Onkels kann Kolbe nun immer weniger ertragen: „Als gänzlicher Opportunist war der Onkel das größte Arschloch von allen. Sein Hauptinteresse bestand darin, keinen Ärger zu bekommen und für sich selbst möglichst viele Vorteile herauszuschlagen [...]." (S. 347) Kolbe lässt den Onkel seine Abneigung immer offener spüren, was diesen dazu bringt, seinem Neffen vor Augen zu führen, dass auch er für die Ziele Hitler-Deutschlands kämpfe und beide im Grunde auf der gleichen Seite stünden. Er wirft Kolbe vor, immer nur die Fehler der anderen zu bemerken und für die eigenen längst blind zu sein. Das Argument sitzt. Kolbe wird nachdenklich, was man gut am folgenden Eingeständnis erkennen kann: „Wenn ich ehrlich war, hatte der Onkel recht, es war auch mein Krieg, ich hatte an diesem verbrecherischen Krieg mitgewirkt, und was immer ich später tun oder sagen mochte, es steckte in diesem Krieg auf immer mein Teil, etwas von mir gehörte auf immer

„Der totale Krieg war ein totaler Betrug." (S. 345)

Kindersoldaten

Umgangssprache: Ärger über den Onkel

Einsicht in eigene Schuld und Verantwortung – nicht nur Opfer, sondern auch Täter

dazu [...]." (Ebd.) Die selbstkritische Äußerung gewinnt mit Blick auf den persönlichen Entwicklungsprozess, den Veit Kolbe im Laufe seines Jahres in Mondsee durchläuft, an Bedeutung. Denn der junge Soldat sieht sich erstmalig nicht mehr nur als bloßes Opfer, dem durch den Krieg individuelle Lebenschancen verbaut wurden, sondern auch als Täter, der andere zu Opfern gemacht hat. Er erkennt seine Schuld und übernimmt Verantwortung.

Abschied von der Lehrerin Grete Bildstein

Mittlerweile ist es November. Auf einem Spaziergang nach Schwarzindien trifft er zufällig auf die Lagerlehrerin Grete Bildstein, die gerade Schülerarbeiten korrigiert und sich dabei nur ungern stören lassen will. Kolbe bemerkt, dass sie bei seinem Anblick errötet, und ist dabei sowohl überrascht als auch erfreut, da es als ein Zeichen von „Nähe" (S. 351) zwischen ihnen zu verstehen sei. Kolbe lässt die bald wieder abweisende Lehrerin wissen, dass er aufgrund seiner Einberufung „nicht mehr so bald nach Schwarzindien kommen" (S. 352) könne. Betrübt teilt ihm diese daraufhin mit, dass das auch nicht mehr nötig sei, denn das Mädchenlager werde aufgelöst, weil es zu abgelegen sei. Der Tod Nannis und Zehntausende Flüchtlinge hätten wohl ihr Übriges zu dieser Entscheidung beigetragen. Die beiden verabschieden sich. Als Kolbe vor dem Haus steht, erinnert er sich an ein nicht beheizbares Zimmer im obersten Stockwerk und ihm kommt der Verdacht, dass sich der offiziell vermisste Brasilianer dort eingenistet haben könnte, um der Inhaftierung zu entgehen.

Bald ein ganzes Jahr (S. 356–369)

Einberufung nach Wien

Ende November erhält Kolbe seine Beorderung aus Wien. Innerhalb einer Woche habe er sich in der Kaserne Breitensee einzufinden und seinen soldatischen Dienst wieder aufzunehmen. Kolbe hat diese erwartet und nimmt es hin. Verständlicherweise schlecht gelaunt sucht er seinen Onkel auf, um sich eine Fahrerlaubnis nach Wien zu besorgen.

Dieser ist gerade dabei, die Auflösung des Mädchenlagers Schwarzindien zu organisieren. Beiläufig erwähnt er eine kommende Verhaftung, die er nach der Abreise der Mädchen vorzunehmen gedenke. Der plötzliche Eifer seines Onkels kommt Kolbe verdächtig vor. Er erinnert sich an seine Eindrücke vom Vortag, als er sich von der Lehrerin verabschiedete, und ist sich schnell sicher: „Die Verhaftung galt dem Brasilianer. Warum sonst musste die Übersiedlung der schwarzindischen Mädchen abgewartet werden?" (S. 361) Kolbe ist sofort klar, dass er etwas unternehmen muss. Er ist nicht bereit, den Dingen ihren Lauf zu lassen: „So kann es nicht enden, dachte ich." (Ebd.) Plötzlich nimmt die Handlung rasant an Fahrt auf. Er eilt zurück in seine Wohnung, schluckt vorsorglich ein Pervitin, greift zu seiner lange versteckten Pistole und läuft in Richtung des Mädchenlagers in die Dunkelheit. Dort angekommen, beobachtet Kolbe den Gasthof Schwarzindien. Als er unbemerkt einen Blick durch die Eingangstür werfen kann, sieht er seinen Onkel Johann vor dem offenbar bereits verhafteten Brasilianer sitzen, der einen erschöpften und enttäuschten Eindruck auf ihn macht. Ohne größeres Zögern betritt Kolbe den Raum. Sein Onkel fordert ihn sofort auf, das Haus zu verlassen, es sei „schon genug Unheil angerichtet" (S. 365) worden. Kolbe erschießt in der Folge seinen Onkel. Gemeinsam mit dem Brasilianer versteckt er im Anschluss seine Leiche, „um möglichst viel Zeit zu gewinnen" (S. 366). Danach hilft er noch seinem Freund, seine Sachen in aller Eile zusammenzupacken. Dieser bedankt sich bei Kolbe für die Rettung mit den poetischen Worten: „Ruhig wird das Herz erst, wenn wir geworden sind, was wir sein sollen." (S. 367) Es entsteht der Eindruck aus der Sicht des Brasilianders, dass Kolbe mit seiner Gewalttat das Richtige getan hat, da dieser kein Nazi, sondern ein freiheitsliebender Individualist ist, der Widerstand gegen jede Form des Kollektivismus leisten muss. Nach dem kurzen

Drohende Verhaftung des Brasilianers

Beschleunigtes Erzählen

Kolbe erschießt seinen Onkel und rettet den Brasilianer

Abschied kehrt Kolbe weinend nach Hause zurück und schläft bald ein. Er weiß, dass seine Zeit in Mondsee damit beendet ist.

Es sind vom Eichenbaumeck (S. 370 – 383)

Natürlich möchte der Leser bzw. die Leserin wissen, wie es mit Veit Kolbe nach seiner Einberufung und dem baldigen Abschied aus Mondsee weitergeht. Doch er muss sich gedulden, denn genau an dieser Stelle fügt Arno Geiger zum dritten und letzten Mal drei weitere Briefe ein, die die zentrale Veit-Kolbe-Handlung unterbrechen. Der erste der drei Briefe stammt von Lore Neff, der Mutter Margots aus dem hessischen Darmstadt. Sie berichtet von ihrem grauen Kriegsalltag im November und bedauert, dass sie den Allerheiligentag allein begehen muss: „An solchen Tagen spürt man das Alleinsein doppelt." (S. 371) Neben der Einsamkeit fürchtet Lore Neff auch die Kälte des kommenden Winters. Kein Wunder, dass sie sich mehr Gemeinschaft wünscht. Beinahe warmherzig fragt sie ihre Tochter Margot im fernen Salzkammergut: „Kannst du nicht mal nach Darmstadt kommen und deine Tochter herzeigen? Nach all dem, was alles seit dem großen Angriff passiert ist, wäre es schön, für ein paar Tage so eine Krabbe im Haus zu haben." (S. 372) Da ihr Mann noch im Krieg kämpft und auch die jüngere Tochter Bettine weiterhin in Berlin weilt, fürchtet Margots Mutter, dass sie sich allein zu viele Gedanken macht, was ihr nicht guttue, denn „die Gedanken haben im Krieg kein gutes Leben und gehen im Kreis" (S. 373). Um sich abzulenken, berichtet sie davon, wie es ihren Freunden und Bekannten in der letzten Zeit ergangen ist. Überaus offen schüttet sie danach ihrer Tochter das Herz aus: Die Ehe mit Margots Vater sei in den letzten Jahren kein Zuckerschlecken gewesen und unter seinen überspannten Ansichten habe sie „viel gelitten" (S. 375), sodass man von „Glück" (S. 376) sprechen könne, dass er nochmals eingezogen worden sei.

Der dritte Brief
Lore Neffs
aus Darmstadt

Lore Neff leidet
an Einsamkeit

Wunsch, das
Enkelkind
zu sehen

Doch über dem pausenlosen Sterben, über dem Bombardement der Darmstadt überfliegenden alliierten Kampfflugzeuge verliert die patente Frau nicht ihren Lebensmut. Sie habe immer noch Hoffnung auf ein lebenswertes Dasein nach dem Krieg, dessen Ende wohl nahe, sie fühle sich geradezu voll „überschäumender Lebenskraft" (S. 379). Ihre Ziele für die Zukunft ähneln in ihrer bescheidenen Einfachheit denen Veit Kolbes:

„Nie fort müssen von Darmstadt, die Stadt wieder aufbauen, euch Kinder wieder im Haus, paar Enkeln spielen im Garten." (Ebd.) Ihre Ankündigung, ihre geliebte, leider völlig zerstörte Heimatstadt mit eigenen Händen wieder aufbauen zu wollen, wird nur wenige Monate später Wirklichkeit, denn es sind v. a. die sog. Trümmerfrauen, die nach dem Zweiten Weltkrieg die ersten Aufbauarbeiten in den zerbombten Städten auf sich nahmen, da ihre Ehemänner entweder gestorben oder in Kriegsgefangenschaft waren. Lore Neff ist

Die sog. Trümmerfrauen bauen nach dem Krieg die Städte wieder auf.

schon jetzt bereit, sich zu engagieren, denn ein ziviles, bürgerliches Familienleben ist alles, was sie sich von der Zukunft erhofft. Dafür ist sie bereit, Opfer zu bringen. Der dritte und letzte Brief Lore Neffs an Margot endet versöhnlicher, weicher und zärtlicher im Ton als die zum Teil schroffen Aussagen der ersten beiden Briefe: „Margot, ich bin sehr müde, ich lege mich jetzt eine Stunde nieder. Du fehlst mir." (S. 381)

Lebensmut Lore Neffs

Bereitschaft zum Engagement

Zärtlichkeit und Sehnsucht am Ende des dritten Briefes

Die Sache ging sehr rasch (S. 384 – 398)

Rekrut
Kurt Ritler
wird kaserniert

Ein drittes und letztes Mal schreibt auch Kurt Ritler an seinen Freund Ferdl. Gleich zu Beginn des Briefes berichtet er davon, wie schnell er sein Notabitur erhalten habe, um noch rechtzeitig einberufen werden zu können. Von Wien wird er per Zug in das gut 40 Kilometer entfernte Hainburg an der Donau überführt und dort stationiert. Es wird deutlich, dass der junge Mann mit seinen Gedanken im Krieg noch nicht angekommen ist. Es ist seine geliebte Nanni, die

Gedanken
an Nanni

ihm nicht aus dem Kopf geht. Ihr Verschwinden lässt ihm verständlicherweise keine Ruhe: „Wo Nanni wohl ist, meine Schorsche? Aufenthaltsort unbekannt. Ich wünschte, dass sie zurückkäme. Oder wenn ich wenigstens wüsste, wo sie ist, so wäre mir schon leichter." (S. 385) Offenbar ist Kurt über den Unfalltod Nannis beim Besteigen der Drachenwand nicht sofort in Kenntnis gesetzt worden. Einige Seiten später jedoch ist er über ihre Schicksal informiert (vgl. S. 388).

Kurt leidet unter
Schikanen in
der Kaserne

Über seinen von Langeweile und Abwarten geprägten Alltag in der Kaserne verliert Ritler kein gutes Wort. Er beschwert sich über unnötige Schikanen und den groben Umgang, den er sich als unterstes Glied in der Befehlskette gefallen lassen müsse: „Exerzieren! Schnauze in den Dreck! Wie Minensucher fahren wir mit der Nase über den Boden." (S. 387)

Doch der schikanöse Alltag, der militärische Drill und die feindlichen Flugzeuge am Himmel bewegen den jungen Mann weniger als das Ende seiner großen Liebe. Kurt ist von der „Wucht der Gefühle" (S. 388) überrascht, die ihn durch Nannis Tod übermannt haben. Reden kann er darü-

Kommuni-
kationslosigkeit
als Problem

ber mit keinem Menschen: „Aber meine Gefühle interessieren hier niemanden und so zwinge ich mich, alles hinunter

Gemeinsamkeit
mit Veit Kolbe

zuschlucken." (Ebd.) Diese Einsicht erinnert an die Klage Veit Kolbes, der den Krieg für so dominant hält, dass er für die Sorgen und Ängste des einzelnen Menschen keinen

Als einen solchen jungen Mann in der Uniform der Hitler-Jugend kann der Leser bzw. die Leserin sich Kurt vorstellen.

Raum lasse. Doch während Kolbe nach fünf Jahren an der Front schon in der Lage ist, diesen Zustand zu kritisieren und nicht weiter hinzunehmen, verfügt der siebzehnjährige junge Mann noch nicht über entsprechende Fähigkeiten. Weder durchschaut er die Zusammenhänge noch ist er bereit oder gar in der Lage, Widerstand zu leisten: „Ich nehme es hin, wie ich es hinnehme, dass es Dinge gibt, die ich nicht verstehe." (Ebd.) Auch sonst geht Kurt Ritler der Enthusiasmus und die Lebensfreude, die den jungen Mann zu Beginn des Romans noch ausgezeichnet haben, nun völlig ab. Es ist offensichtlich, dass er – bedingt durch den Tod Nannis und das Ende seiner Träume – aufgegeben hat: „In allem muss ich kapitulieren, es ist sehr traurig." (S. 389) Wie Veit Kolbe in dessen ersten Wochen am Mondsee ist der junge Rekrut desillusioniert und enttäuscht vom Leben und dem ausgemalten „Glück, das sich nicht leben lässt. [...] Es ist bedauerlich, dass der Mensch ständig Wünsche hat, obwohl er sie nicht verwirklichen kann." (S. 390) Doch anders als bei Kolbe kommt es bei Kurt Ritler zu keiner wei-

Unterschiede zu Veit Kolbe

Kurt ist ohne Lebensmut, er hat aufgegeben

teren Entwicklung. Während Ritler das Leben im Krieg am Ende für „überhaupt nicht tragbar" (S. 391) hält, empfindet Kolbe ein Gefühl von „Frieden" und den Wunsch, „weiterzumachen" (S. 459). Anders als Kolbe hat Ritler seinen Lebensmut völlig verloren, er will „ohnehin überall und nirgends zu Hause sein, mir ist ja alles so egal wie noch nie" (S. 392).

Zwei junge Menschen leben in Kriegszeiten – Ein Vergleich

Veit Kolbe	Kurt Ritler
• ist desillusioniert vom Krieg. • gewinnt seine große Liebe. • hofft auf die Zukunft. • macht Pläne.	• ist desillusioniert vom Krieg. • verliert seine große Liebe. • verliert jede Hoffnung. • gibt auf und stirbt im Krieg.

Begegnung mit Veit Kolbe

Nur kurz berichtet Kurt von der Begegnung mit einem Soldaten aus Mondsee, der ihm seine Briefe an Nanni zurückgibt. Der Soldat motiviert seine Tat mit der Begründung, dass Nanni ihm einmal bei einem nervösen Anfall geholfen habe und er ihr dafür dankbar sei. Durch diese Information weiß der Leser bzw. die Leserin, dass es sich bei dem Soldaten um Veit Kolbe handeln muss. Doch der Rekrut Ritler schenkt der kurzen Episode nicht viel Bedeutung. Ganz anders als Veit, der seinen Besuch in Kurts Kaserne umfassend beschreiben wird (vgl. S. 445 ff.).

Der Krieg macht auch vor Kindern und Jugendlichen nicht halt

Der Krieg selbst kommt Kurt immer näher, in einiger Entfernung von seinem Quartier verläuft schon die Front, „das Grollen ist zu vernehmen" (S. 395). Dass Kurt für den Kampf aufgrund seines Alters nicht geeignet ist, erkennt man, als er mit kindlich anmutender Freude und Begeisterung erzählt, wie er mit zehn Kameraden „wie ein Nilpferd" (S. 396) in einem Schwimmbecken getaucht sei. Dabei ist Ritler durchaus reif, er kann sein eigenes Verhalten gut einschätzen und hält sich und seine Kameraden noch für „so halbe

Kinder" (ebd.). Als er aus der Nähe die furchtbar Verwundeten des Krieges in Augenschein nehmen muss, wird ihm die
Grausamkeit des Kampfes bewusst. Doch von Wehleid keine Spur. Ritler ist sich darüber im Klaren, dass die Deutschen jetzt die Quittung für ihre eigene Aggression bekommen: „Wer auf die Jagd nach einem Tiger geht, muss damit
rechnen, auf einen Tiger zu treffen." (S. 398) Mit der Erzählstimme Kurt Ritlers macht Arno Geigers Roman deutlich,
dass der Krieg auch vor Kindern und Jugendlichen nicht
haltmacht. Der Krieg ist so dominant und allumfassend,
dass er jeden Einzelnen mit sich nimmt und damit Lebensträume und Zukunftschancen unschuldiger Menschen
erbarmungslos zerstört.

Die Briefe Kurt Ritlers ...

- sind Ausdruck jugendlicher Sehnsucht nach Liebe.
- konstruieren anfangs ein kleines Paradies mitten im Krieg.
- drücken zu Beginn die Hoffnung auf ein Happy End aus.
- offenbaren am Ende Desillusionierung und Hoffnungslosigkeit.

Seine Briefe sind Ausdruck der von den Eltern nicht gedul-
deten Liebe zu Nanni, die sich mitten im Zweiten Weltkrieg
ein zeitweiliges kleines Paradies erschafft, das sich am Ende jedoch mit dem Unfalltod Nannis und der Einberufung
Kurts in Luft auflöst.

Funktion der Erzählstimme Kurt Ritlers

Deutsche Einheiten auf dem Rückzug (S. 399 – 418)

Auf den letzten Brief Kurt Ritlers folgt auch der abschlie-
ßende dritte Brief Oskar Meyers, für den sich die Situation
in Budapest immer weiter zuspitzt, denn deutsche Einheiten drängen auf dem Rückzug vor dem Feind nach Budapest hinein und terrorisieren die jüdische Minderheit. Auch
in der Budapester Bevölkerung zeigt sich der „Rassen-
wahn" (S. 399), z. B. werden Juden bei Spaziergängen angespuckt. Auch brutalste Gewalttaten gegenüber der jüdi-

Verfolgung der Juden in Budapest

schen Bevölkerung nehmen rasant zu: „Jetzt ermordeten Pfeilkreuzlerbanden[1] Juden, führten sie ans Ufer und schossen sie in den Fluss." (S. 400) Dennoch kann sich Oskar Meyer nicht in seiner erbärmlichen Unterkunft verstecken, da er aus dem Haus treten muss, um nicht zu verhungern. Während er den ganzen Tag über versucht, den Terror zu überleben, sind seine Gedanken immer bei seiner verschollenen Familie, für deren Verschwinden er sich die Schuld gibt: „Oft geh ich fast in die Knie unter meinen Schuldgefühlen." (S. 401) Meyer kann sich angesichts seiner hoffnungslosen Lebenssituation nicht verzeihen, das Angebot aus dem Jahr 1940, als Zahntechniker an die Goldküste nach Afrika zu gehen, ausgeschlagen zu haben: „Die guten Gelegenheiten gehen vorbei und kommen nicht wieder." (Ebd.) Um überhaupt noch am Leben zu bleiben, malt er sich aus, dass Wally und Georgili aufs Land geflüchtet sein könnten.

Trauer und Schuldgefühle bei Oskar Meyer

Als die Wohnverhältnisse und die Lebensbedingungen in seiner Budapester Unterkunft immer schlechter werden, er von Ratten, Krankheiten und Kälte ebenso bedroht ist wie von den tödlichen Nachstellungen deutscher Soldaten auf der Jagd nach ungarischen Juden, entschließt sich Meyer, die Stadt zu verlassen. Er hört von einem Angebot, dass man sich freiwillig für Arbeiten melden kann, und denkt daran, diesen letzten Strohhalm zu ergreifen: „Ich würde also schaufeln, hacken, sägen, zimmern, planieren und betonieren müssen." (S. 409 f.) Von befreundeten Juden wird er jedoch eindringlich davor gewarnt, man befürchtet eine Falle der Nazis, die auf diese Weise leicht Hunderte von Juden fangen und ermorden könnten. Dennoch lässt sich Meyer von SS-Angehörigen registrieren. Heimlich hält er sich dabei an einem Halstuch fest, das seiner geliebten Wally ge-

Meldung zur Zwangsarbeit

---

[1] Pfeilkreuzler: ungarische Faschisten, die mit den einrückenden Deutschen kollaborierten

hört. In geschlossenen Viehwaggons werden die Freiwilligen abtransportiert, nach einer mehrtägigen Reise dürfen die Arbeiter jedoch aussteigen und sich auf einen Marsch begeben. Auf Feldwegen, vorbei an Äckern und Dörfern, begegnen den Marschierenden Kinder, die ihnen Grimassen ziehen und sie verspotten. Oskar Meyer wundert sich darüber, dass sich niemand von der Ungeheuerlichkeit des Holocaust, der systematischen Ermordung der europäischen Juden, beeindruckt zeigt, dass der Welt der Vorgang kaum eine Bemerkung wert zu sein scheint: „Ich war erstaunt über den normalen Fortgang des Lebens außerhalb meiner eigenen Situation. Ich schaute den Vögeln hinterher, die von einem Baum zum anderen flogen. Ich sah, wie die Landschaft sich öffnete, und spürte, wie ich selbst immer kleiner wurde." (S. 414) Meyer weiß sehr schnell, dass seine Entscheidung zur freiwilligen Arbeit ein fataler Fehler war und er sich auf einem Todesmarsch durch die Kälte des österreichischen Winters befindet. Mithäftlinge, die erschöpft anhalten oder nicht mehr weiterkönnen, werden schnell von Mitgliedern der Waffen-SS erschossen.

In einer Scheune verbringt er die Nacht, dabei halluziniert er von Wally und spricht im Traum mit ihr. Auch diese letzten Worte zu seiner geliebten, wenn auch nur vorgestellten Frau sind Ausdruck tiefer Schuld: „Wally, verzeih mir, dass ich nicht an deiner Seite war, als sie dich und Georg mitgenommen haben. Du weißt, wie sehr ich dich liebe. Verzeih mir, dass ich dich schlecht beschützt habe. Bitte, verzeih mir." (S. 417) Als er sich am Morgen erneut auf den Weg machen muss, hört er in seinem Kopf wieder Wallys Stimme, die ihm Mut zuspricht und ihm rät, die erstbeste Gelegenheit zur Flucht zu nutzen. Doch dazu kommt es nicht. Oskar Meyer verabschiedet sich in Gedanken mit ergreifenden Worten von den Menschen, die er am stärksten liebt und auch im Tod nicht vergessen kann: „Viel Glück, Bernili, Georgili! Danke für alles! Gott segne euch! Küsse! Küsse, mei-

Symbol der Liebe und Hoffnung: Wallys Halstuch

Todesmarsch: viele Juden werden sofort erschossen

Halluzinationen von Wally

Am Ende: Liebe, Zärtlichkeit und Dankbarkeit

ne Lieben!" (S. 418) Ein Mensch, der geschlagen, bespuckt, gejagt, verspottet, gequält und zum Schluss offensichtlich ermordet wird, ist auch am Ende seines Lebens noch voller Liebe, Zärtlichkeit und Dankbarkeit.

So tauche ich wieder in den Winter ein (S. 419–426)

Nach den drei eingeschobenen Briefen von Lore Neff, Kurt Ritler und Oskar Meyer meldet sich nun wieder der Protagonist des Romans, Veit Kolbe, zu Wort. Obwohl es Winter ist und er sich mental darauf einstellen muss, schon bald wieder an der Front seinen Dienst für das Vaterland erbringen zu müssen, geht es Kolbe erstaunlich gut. Hatte er sich vor einem Jahr noch über die Macht der Geschichte beschwert, die keine Rücksicht auf die Wünsche des Individuums nehme, so hat er jetzt – nach seinem Jahr am Mondsee – das „Gefühl, ein eigenes Leben zu besitzen" (S. 419). Für seinen Mord am eigenen Onkel wird in Mondsee der Brasilianer verantwortlich gemacht, doch da dieser flüchtig ist, werden angesichts der Umstände kaum Maßnahmen getroffen, um seiner habhaft zu werden. Veit selbst beschäftigt seine Tat emotional sehr, was der folgende Vergleich zeigt: „Ich hatte tatsächlich den Onkel erschossen, es ging mir die ganze Zeit in den Eingeweiden herum wie Wurmpulver." (S. 429) Die Verwirrung um den Todesfall nutzt Veit abschließend dazu, sich die Briefe Kurt Ritlers an Nanni Schaller aushändigen zu lassen, da er vorhat, sie an den Absender zurückzubringen.

Als Veit von Margot und Lilo Abschied nehmen muss, kündigt diese an, dass sie sich nach dem Krieg von ihrem Mann scheiden lassen werde, drückt ihm etwas Geld in die Hand und küsst ihn.

Der Westbahnhof war dick verqualmt (S. 427–442)

Auf seinem Weg zur Musterung macht Veit Kolbe halt bei seinen Eltern in Wien. Dort muss er natürlich über die Vor-

Marginalien:

Abschied aus Mondsee in guter Stimmung

Halbherzige Suche nach dem Brasilianer

Tod des Onkels – Bewusstwerdung der eigenen Tat

Abschied von Margot und Lilo

gänge rund um den Tod des Onkels Bericht erstatten, sodass er sich genötigt sieht, sich „zu einer angemessenen
Anteilnahme aufzuraffen" (S. 428), was ihm kaum gelingt,
zu glücklich ist Kolbe über die Rettung seines neuen Freundes: „Der Onkel ist tot, der Brasilianer und ich aber leben,
und das ist die Hauptsache." (Ebd.) Anders als bei seinen
vorherigen Treffen, kommt es trotz einiger Reibereien zu
keinem größeren Konflikt mit seinem Vater. Beide üben
sich in Selbstbeherrschung und unterwerfen sich dem Wil-
len der Mutter nach Frieden und Eintracht. Dennoch fühlt
sich der junge Mann in der elterlichen Wohnung fremd und
„beklommen" (S. 430). Am Tag nach seiner Ankunft geht
Kolbe auf den Friedhof zum Grab seiner Schwester, die am
20. Oktober 1936 im Alter von 23 Jahren an der Schwindsucht gestorben war. Wehmütig und voller Traurigkeit erinnert er sich an die letzten Tage und Augenblicke mit der
geliebten Schwester: „Ihre Todesstunde empfinde ich bis
heute als verstörend." (S. 432) Die Genauigkeit und der De-
tailreichtum, mit derer sich Kolbe an den Todestag der
Schwester erinnert, machen deutlich, wie intensiv diese
traumatischen Erfahrungen auch noch neun Jahre später
in der Psyche des Soldaten wirksam sind. Am nächsten
Morgen ist die Nach- und Vorsicht Kolbes gegenüber seinem Vater verschwunden. Als dieser eine harmlose Bemerkung über den Feind, den man dennoch besiegen werde,
äußert, stellt Kolbe seinem Vater eine rhetorische Frage,
die als Vorwurf gemeint ist: „Was sind deine großartigen
Worte gegen die vielen müden Gesichter?" (S. 436) Der
scharfe Ton führt dazu, dass Kolbe die Wohnung der Eltern
verlassen muss. Kolbe nimmt diesen traurigen Höhepunkt
zum Anlass, über die Folgen falscher Erziehung zu reflektieren. So habe er als Kind „immer nur Negatives gehört" und
nie den für Kinder wichtigen Satz „Das hast du gut gemacht!" (S. 437 f.). Kolbe zieht eine Verbindungslinie zwischen der frühkindlichen Erziehung und dem Krieg: „Was

Friedenschluss zwischen Vater und Sohn

Erinnerungen an seine Schwester Hilde

Kolbe muss sein Elternhaus verlassen – Zerwürfnis mit dem Vater

Reflexionen über die Folgen falscher Erziehung

die Familie an Persönlichkeitszerstörung anfängt, setzt der Krieg fort." (S. 437)

Ärztliche Musterung führt zu Einberufung und Marschbefehl

In der Kaserne scheitert Kolbes halbherziger Versuch, der Einberufung unter Verweis auf eine starke Depression zu entgehen. Der untersuchende Arzt ist sogar der Auffassung, Kolbe würde seine Ängste am ehesten wieder loswerden, wenn er sich der kriegerischen Konfrontation stelle. Dieser Gedanke macht Veit zornig, sodass er zu seinem letzten Mittel – der Bestechung – greift. Er legt ein Bündel Geld, das er von Margot erhalten hat, auf den Tisch. Als es nach einiger Zeit verschwunden ist, hofft er, dem Krieg noch einmal von der Schippe gesprungen zu sein und bestenfalls in der Schreibstube oder als Fahrlehrer verwendet zu werden. Doch seine Hoffnung ist trügerisch. Er wird vollständig „kriegsverwendungsfähig" (S. 441) geschrieben und erhält einen Marschbefehl, den er um zwei Tage hinausschieben kann. Die gewonnene Zeit möchte er nutzen, um sich von Margot und Lilo zu verabschieden.

Seit es mit Margot (S. 443 – 456)

Veit Kolbe trifft den Rekruten Kurt Ritler

Noch vor seiner Rückreise entscheidet sich Veit, den jungen Rekruten Kurt Ritler aufzusuchen. Er will diesem dessen Korrespondenz mit seiner verunglückten Cousine aushändigen: „Die Sache mit den Briefen an Nanni ließ mir keine Ruhe." (S. 443) In der Jägerkaserne in Hainburg vor den Toren Wiens erwartet er den jungen Mann, den er nur von einigen Fotos kennt. Als Ritler den Grund für Kolbes Erscheinen erfährt, wird er „rot, so peinlich war es ihm, seine Liebesbriefe aus den Händen eines fremden Mannes zu erhalten" (S. 446). Veit tut der junge Mann leid und er gibt vor, die Briefe nicht gelesen zu haben. Nur der Postenkommandant Mondsee, den man allerdings vor einer Woche erschossen aufgefunden habe, kenne ihren Inhalt. Ritler ist erleichtert und zeigt sich nun gegenüber seinem Besuch etwas offener. Veit Kolbe versucht, ein Gespräch über Nanni zu initiieren: „Was Nanni zugestoßen ist, tut mir sehr leid." (S. 447) Er zeigt sich von Ritlers Jugendliebe angetan und lobt ihre Charaktereigenschaften: „Du hast sie besser gekannt, aber ich glaube, wenn sie sich etwas in den Kopf gesetzt hatte, war sie nicht aufzuhalten." (Ebd.) Es dauert ein wenig, bis sich Ritler öffnet. Dann aber erzählt er von Nannis Liebe zum Schlafen und Schwimmen. Die leise, zärtliche Erinnerung bringt den Rekruten zum Weinen, was er vor Veit Kolbe zu kaschieren versucht. Kolbe erkundigt sich nach den Plänen Ritlers und rät ihm, sich den Krieg so weit wie möglich vom Hals zu halten: „Das Einzige, was für dich zählen kann, ist, dass du überlebst." (S. 448) Doch Ritler kann mit Kolbes Rat wenig anfangen. Zwar drohe der Krieg verloren zu gehen, aber „unter einem fremden Regime will ich nicht leben" (S. 449). Das Gespräch endet dann abrupt. Kolbe schaut Ritler hinterher und bemerkt dessen unsicheren Schritt „durch ein verworrenes Leben" (ebd.). Vergleicht man, wie Kurt Ritler (vgl. S. 393) und Veit Kolbe ihr Treffen beschreiben, fallen einem vor allem die Unterschiede ins Auge: Ritler hat für die Begegnung nur einen kurzen Absatz übrig. Er versucht sich in einem beiläufigen Ton, zeigt sich trotzig und kontrolliert. Kolbe hingegen beschreibt detailliert und auf drei Seiten den Verlauf der Begegnung. Ihm sind die Tränen Kurts der Rede wert, während Ritler sie gegenüber seinem Freund Ferdl aus Scham nicht erwähnen will. Veit Kolbes Betroffenheit lässt sich zum einen aus seiner Bekanntschaft mit Nanni ableiten, die er lieb gewonnen hat. Zum anderen sieht er in dem jungen Rekruten sich selbst, wie er vor sechs Jahren direkt im Anschluss an die Schule an die Front kam. Er wünscht sich sehnlichst, dass Ritler sein eigenes Schicksal erspart bleibt. So erklärt sich sein von Niedergeschlagenheit und „Bitterkeit" (S. 449) geprägter Gemütszustand.

Da der Zugverkehr von Hainburg nach Wien gestört ist, macht sich Veit Kolbe zu Fuß auf die Reise nach Osten. Auf

Betroffenheit und Trauer Kurts

Überlebensratschlag Veit Kolbes

Unterschiede in der Wahrnehmung des Gesprächs

seiner Wanderung trifft er auf große Flüchtlingstrupps, die vom nahenden Ende des Zweiten Weltkriegs künden, und auf eine Gruppe von Zwangsarbeitern, die einen Panzergraben erbauen sollen. Kolbe beobachtet, wie ein Wachmann einen Stock auf einen müden Arbeiter niedersausen lässt: „Und der Arm mit dem Stock ging auf und ab wie von einer Schnur gezogen. Wer hielt diese Schnur? Ich? Mag sein." (S. 451) Die Gedanken Veit Kolbes angesichts der Misshandlung eines unschuldigen Opfers durch einen NS-Kämpfer sind v. a. mit Blick auf Veit Kolbes Bereitschaft, Verantwortung zu übernehmen, von Bedeutung. Sieht er sich anfangs selbst als Opfer der Geschichte und des alles verschlingenden Monstrums Krieg, erkennt er nun an, dass Geschichte kein anonymer selbstreferenzieller Vorgang ist, sondern von Menschen gemacht wird. Als Soldat des Deutschen Reiches steht er auf der falschen Seite der Geschichte und hat – ob er will oder nicht – Teil an einem verbrecherischen Krieg, der Millionen von Menschen den Tod bringt. Kolbe beobachtet die Szenerie „in tatenlosem Entsetzen" (S. 452), sein Blick bleibt an einem Mann in abgerissener, kotverschmierter Kleidung hängen, der ein „buntes Halstuch" (ebd.) trägt und Kolbes Blick stolz, trotzig und voller Vorwurf begegnet. Dem aufmerksamen Leser bzw. der aufmerksamen Leserin wird klar, dass es sich bei diesem jüdischen Zwangsarbeiter um Oskar Meyer, den Zahntechniker aus Wien, handelt. Seine drei verzweifelten Briefe, die die Kolbe-Handlung unterbrechen, stehen lange unvermittelt neben den anderen Briefen Margots und Kurts. Während deren Briefe inhaltlich mit der Kolbe-Handlung über Veits neue Liebe in Mondsee und Nanni verbunden sind, fehlt die Anbindung der Briefe Meyers an den Hauptstrang des Romans – bis zu dieser Stelle. Nun kreuzen sich die Wege Kolbes und Meyers. Die beiden Menschen – rechtlich und moralisch gesehen Täter und Opfer – begegnen sich für einen kurzen Augenblick. Dabei sorgt der Zustand und Blick Mey-

Rhetorische Frage: Schuldgefühle beim Anblick des Leids und Unrechts

Veit Kolbe trifft Oskar Meyer

Übernahme von Verantwortung

ers bei Kolbe für Beschämung und Trauer. Kolbe ist bereit, über den bisher verdrängten Holocaust, den organisierten Massenmord an den europäischen Juden, nachzudenken und sich diesem ungeheuerlichen Verbrechen zu stellen. Hat er sich früher für das Schicksal der Juden nicht interessiert („Was gehen mich die Juden an?", S. 453), stellt er sich nun der Geschichte und seiner eigenen Verantwortung.

Ich saß auf dem Fensterbrett (S. 457 – 473)

Ein letztes Mal und auch nur für zwei kurze Tage hält sich Veit Kolbe in Mondsee auf. Er nutzt die Zeit intensiv mit Margot und Lilo und hofft, möglichst viele Momente in sich aufsaugen zu können, die ihm in seinem Kampf an der Front hilfreich sein könnten. Als er erfährt, dass im Dorf die Meinung vorherrscht, dass der Brasilianer den Onkel erschossen habe, fühlt Kolbe zum ersten Mal „Trauer" (S. 458), die schließlich von einem Gefühl von „Frieden" (S. 549) abgelöst wird. Mit Margot führt er wichtige Gespräche über ihre weitere Zukunft. Zentrale Fragen müssen geklärt werden: „Wenn alles zusammenbricht – wo sehen wir uns wieder? Wie finden wir einander? Wo ist unser Treffpunkt? Welches unsere Kontaktadresse?" (S. 460) Dass Kolbe mit großem Eifer und Zuversicht Antworten auf diese Fragen sucht, zeigt, wie sehr er an eine gemeinsame Zukunft mit Margot glaubt. Kolbe reflektiert die Gründe, warum er ganz anders in die Zukunft blickt als vor einem Jahr: „Es lag daran, dass ich wusste, es ging dem Ende zu. Das bevorstehende Ende des Krieges machte die Dinge wieder kleiner […]." (S. 462) Kolbe erkennt, dass er ein anderer Mensch geworden ist, denn früher „hatte ich mich bemitleidet, und jetzt war ich konzentriert und hatte wieder etwas Hoffnung" (S. 463).

Als es zu einem erneuten Konflikt mit der Quartierfrau kommt, die ein Flüchtlingskind schlägt, macht Veit Margot einen bahnbrechenden Vorschlag: „Du solltest umziehen,

Klärung zentraler Fragen mit Margot für die Zeit nach dem Krieg

Glaube an eine gemeinsame Zukunft

Umzug Margots

Margot." (S. 467) Ein Fleischer im Dorf bietet Margot eine Arbeit und eine Wohnung an, sogar für die Betreuung der kleinen Lilo ist schnell gesorgt, sodass der Entschluss zum Umzug noch am selben Tag gefasst wird. Kolbe fühlt die Richtigkeit der Entscheidung, als er das neue Quartier betritt und die bösartige Vermieterin des letzten Jahres Vergangenheit ist: „In dem Moment, in dem ich durch die Tür ging, spürte ich, dass ich mich von etwas losgerissen hatte und endlich ein eigenes Leben besaß." (S. 469) Die neue Wohnung eröffnet die Hoffnung auf ein neues Leben, hier „fühlten wir uns fürs Erste geborgen" (S. 470). In der kargen Behausung entsteht schnell eine heimelige Atmosphäre, wozu der knisternde Ofen und die Lieblingsplatte des Brasilianers entscheidend beitragen. Kolbe hört eine innere Stimme, die ihm Mut zuspricht.

Atmosphäre von Wärme und Geborgenheit – Hoffnung auf ein neues Leben

Das positive Ende des Romans lässt die Deutung zu, dass es sich bei „Unter der Drachenwand" in Teilen um einen sog. Entwicklungsroman handelt. Darunter versteht man in der Literaturwissenschaft einen Romantypus, in dem die geistig-seelische Entwicklung einer Hauptfigur in ihrer Auseinandersetzung mit sich selbst und der gesellschaftlich-sozialen Umwelt dargestellt wird. Der Entwicklungsroman – eine spezifische Ausformung des Bildungsromans, wie man ihn seit Goethes „Wilhelm Meister" (1795/96) kennt – nimmt den Reifeprozess des Protagonisten in den Blick, der seine Erfahrungen und Erlebnisse in der Welt reflektierend verarbeitet und seiner Persönlichkeit einverleibt. Die biografische Entwicklung des Helden ist dabei keineswegs nur positiv zu sehen, denn häufig sind es in Entwicklungsromanen eher negative Erfahrungen, die Einfluss auf die Identität des Helden nehmen. Sie führen dazu, dass dieser „in sich geht", und tragen zu der Erkenntnis bei, dass er sich bisher falsch verhalten hat, ungerechtfertigte Ansprüche erhoben oder schwere Fehler begangen hat. Weil er sich diesen Fehlern der Vergangenheit stellt, er also desillusioniert wird,

Entwicklungsroman

sorgt der Held selbst für die Möglichkeit, sein Leben zu ändern und es in eine andere, vielversprechendere Richtung zu lenken. Eine Überprüfung der Merkmale des Entwicklungsromans in Bezug auf die Biografie der literarischen Figur Veit Kolbe lässt den Schluss zu, dass dieser den Vorgaben in weiten Teilen entspricht: Das fünfjährige Wüten an der Kriegsfront lässt kein Nachdenken zu. Es wird unterbrochen durch eine einjährige Phase der Reflexion und Erholung. Der Tagebuch schreibende Held nutzt die Chance des Nachdenkens über sein Leben und zieht die richtigen Schlüsse. Dabei helfen ihm – auch das eine wichtige Parallele zum Typus des Entwicklungsromans – zentrale Begleitfiguren, die durch ihr Verhalten, ihre Taten, Worte und Überzeugungen Einfluss nehmen auf den Protagonisten.

Zu denken ist hierbei v. a. an den pazifistisch orientierten Brasilianer, der Veit die Fehler und Unmenschlichkeiten des faschistischen Systems offen erläutert, und die aufrichtig liebende Margot. Veit lernt mit ihrer Hilfe, dass er sich an etwas Falschem beteiligt hat, und wird sich seiner Ziele für

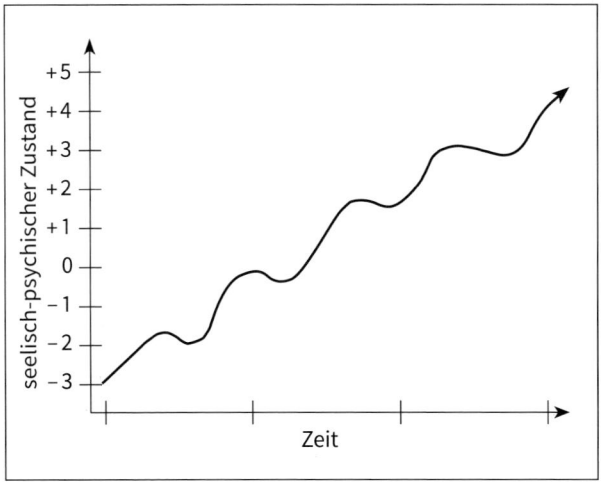

Veit Kolbes Jahr in Mondsee: Die Entwicklung beschreiben

die Zukunft bewusst: Frieden, Freiheit und familiäre Geborgenheit.

Wir warteten auf das Milchauto (S. 474–476)

Das nur zwei Seiten umfassende Abschlusskapitel thematisiert die letzten Momente zwischen Margot und Veit. Als er von ihr umarmt wird, findet Veit nur gute Worte für die Frau, die seinem Leben einen neuen Sinn gegeben hat: „[…] sie war herzlich, ein wunderbarer, warmer Mensch. Ich bedankte mich für jede gemeinsame Minute. Und sie richtete mir den Kragen. Nie bin ich mehr am Leben gehangen als in diesem Moment." (S. 474) Voller Zärtlichkeit und Wehmut besteigt Veit dann ein Milchauto, das ihn zum Bahnhof bringen wird. Seine Fahrt führt ihn durch Schwarzindien. Ihm fällt die Drachenwand ins Auge, „ein über die klirrenden Wälder gereckter Schädel, der mit leeren Augen auf die Landschaft herabstierte" (S. 475). Die Natur zeigt kein Interesse an der angeblichen Zivilisation, sie verhält sich abweisend und gleichgültig gegenüber dem, was Veit Kolbe bevorsteht. Denn der Krieg, so die Schlussfolgerung, ist kein natürlicher Vorgang, sondern ein von Menschen gemachter. Mit einer unauffälligen Fingerbewegung hinauf in die Drachenwand, die ihm im letzten Jahr auch Schutz geboten hat, grüßt Veit Kolbe die verunglückte Nanni Schaller.

> Symbol der Drachenwand: Gleichgültigkeit der Natur

Nachbemerkungen

Der Roman hat – anders als es das letzte Kapitel vermuten lässt – kein offenes Ende. Denn am Schluss meldet sich erstmals eine Art Herausgeber zu Wort, der über das weitere Leben der Romanfiguren genau Auskunft gibt. So informiert er darüber, dass Veit Kolbe den Krieg überlebt und er und Margot nach deren Scheidung 1946 heiraten. Nach dem Studium der Elektrotechnik arbeitet er für einige Jahre im Ausland, später in Wien. Erst am 3. Juni 2004 stirbt er;

> Ein Herausgeber meldet sich zu Wort

> Informationen über das weitere Leben der Romanfiguren

von Margot heißt es, dass sie zum Zeitpunkt der Entstehung des Romans fünfundneunzig Jahre alt sei. Auch in das Schicksal der anderen Romanfiguren erhält der Leser bzw. die Leserin Einblick: Dem Brasilianer gelingt die Ausreise nach Brasilien. Die Quartierfrau Trude Dohm lebt mit ihrem Mann in Freising, sie stirbt schon 1953 an einer nicht erkannten Syphilis. Die Lagerlehrerin Grete Bildstein arbeitet nach dem Krieg in Wien, sie stirbt kinderlos 2008. Der junge Rekrut Kurt Ritler stirbt nur wenige Tage vor Kriegsende an den Folgen einer Verletzung. Der jüdische Zahntechniker Oskar Meyer wird während eines Transportes in Richtung des KZ Mauthausen ermordet. Seine Frau Wally und sein Sohn Georg sterben bereits 1944 im Vernichtungslager Auschwitz.

Mit den Nachbemerkungen eines fiktiven Herausgebers, der von sich in der Ich-Form redet, verleiht Arno Geiger dem Romangeschehen eine höhere Glaubwürdigkeit und Authentizität. Der Leser bzw. die Leserin kann so annehmen, dass es sich bei Veit Kolbe, Margot und dem Brasilianer um reale Menschen handelt, die wirklich gelebt haben. Das verstärkt den Wert des Gelesenen. Geigers erzähltechnischer Kniff erinnert hierbei an das Vorwort des Herausgebers in Goethes Briefroman „Die Leiden des jungen Werthers" (1774) aus der literarischen Epoche des Sturm und Drang. Noch bevor der Leser bzw. die Leserin die subjektiven Briefe des Protagonisten zur Lektüre erhält, äußert ein erfundener Herausgeber sein Mitgefühl mit eben diesem Helden namens Werther, und er fordert den Leser bzw. die Leserin auf, ebenso zu fühlen. Auf eine derartige Lenkung des Lesers bzw. der Leserin verzichtet Arno Geiger, indem er seinen Herausgeber erst am Ende der Handlung zu Wort kommen lässt. In der Wirkung aber gibt es kaum Unterschiede, denn auch hier muss der Leser bzw. die Leserin annehmen, dass das Gelesene tatsächlich passiert ist. Und anders als bei Goethes Briefroman ist das beim Ro-

Nachbemerkungen: höhere Glaubwürdigkeit und Authentizität des Romangeschehens

Ähnlichkeiten zu Goethes Briefroman „Die Leiden des jungen Werthers"

Quellen des Romans: zufälliger Flohmarktfund echter Briefe aus der Zeit des Zweiten Weltkriegs

man „Unter der Drachenwand" auch in Grundzügen der Fall. Denn die Idee zu seinem Roman kommt Arno Geiger, als er zehn Jahre vor seinem Erscheinen 2018 einen zufälligen Flohmarktfund macht: Hunderte von Briefen von Privatpersonen aus der Zeit des Zweiten Weltkriegs, z. B. echte Korrespondenzen in das Mädchenlager Schwarzindien, fallen ihm in die Hände. In der Vorbereitung des Romans verbringt Arno Geiger viele Stunden mit der Lektüre dieser privaten Briefe. Und so kann der Leser bzw. die Leserin, dem bzw. der Veit und Margot ans Herz gewachsen sind, auch nach dem Ende der Lektüre noch glauben, dass es die beiden wirklich gegeben hat. Das macht glücklich.

Hintergründe

Historische Hintergründe:
Der Zweite Weltkrieg und
der Holocaust

Mit der Machtübernahme Adolf Hitlers (1889–1945) und seiner Partei, der NSDAP, im Januar 1933 endete der erste langfristige Versuch, Deutschland in ein demokratisches System umzuwandeln. Mit dem Ende des Ersten Weltkriegs (1914–1918), der aufgrund seiner Dimensionen und Gewalteskalation als Ur-Katastrophe der Moderne gilt, fand auch das Deutsche Kaiserreich unter Kaiser Wilhelm II. (1859–1941) sein Ende. Von 1919 bis in das Jahr der Machtübernahme Adolf Hitlers 1933 entwickelte sich in Deutschland die erste parlamentarische Demokratie, die sog. Weimarer Republik, deren Geschichte sich grob in drei Phasen einteilen lässt: Zu Beginn (1919–1923) kämpfte die junge

Macht-
übernahme
Hitlers:
Januar 1933

Kurze
Geschichte der
Weimarer
Republik
(1919–1933) als
erste deutsche
Demokratie

Nur gespielte Demut: Reichspräsident Hindenburg schüttelt Hitler am 21. März 1933 die Hand.

Demokratie mit den finanziell schwierigen Folgen des Krieges, einer Hyperinflation und zahlreichen politischen Morden aufgrund einer Zunahme des rechten wie linken Extremismus. In der zweiten Phase der Weimarer Republik (1924–1929) kam es zu einer Stabilisierung, die Wirtschaft erholte sich („Goldene Zwanziger") und Deutschland verdiente sich außenpolitische Anerkennung und Wertschätzung. Die dritte und letzte Phase (1929–1933) läutet das Ende der ersten längeren Demokratie auf deutschem Boden ein: Die Weltwirtschaftskrise 1929, die Präsidialkabinette nach dem Bruch der Großen Koalition 1930 und eine sich verschärfende ökonomische und soziale Krise, die in Massenarbeitslosigkeit mündet, fördern den Aufstieg der Nationalsozialisten unter ihrem Anführer Adolf Hitler. Am 30. Januar 1933 kommt es mit der Ernennung Adolf Hitlers zum Reichskanzler faktisch zum Ende der Weimarer Republik.

30. Januar 1933: Ernennung Hitlers zum Reichskanzler

Am 23. März 1933 gelang es Adolf Hitler, im Berliner Reichstag eine Mehrheit für sein „Ermächtigungsgesetz" zu erhalten. Damit war der Parlamentarismus de facto abgeschafft, der Reichstag entmachtet und die Gewaltenteilung aufgehoben. Das Ermächtigungsgesetz wirkte wie eine Art Freibrief für die Exekutive (Regierung), von der ab nun alle Gewalt ausgeht. Von diesem Zeitpunkt an war die liberale Weimarer Republik als Demokratie abgeschafft, in den Folgejahren baute Hitler seine totalitäre Führer-Diktatur immer weiter aus.

Ermächtigungsgesetz besiegelt das Ende der Demokratie und den Beginn der Diktatur

Die nationalsozialistische Gesellschaftspolitik zielte auf eine in sich geschlossene, rassisch und ideologisch gleichförmige Volksgemeinschaft von sog. Ariern. Von Beginn an wurden in der NS-Diktatur politisch Andersdenkende und Gegner des Regimes mit staatsterroristischen Mitteln verfolgt und in Konzentrationslagern eingesperrt. Die jüdische Bevölkerung wurde Opfer einer zunehmenden Diskriminierung, durch die Nürnberger Rassengesetze (1935) wurde eine pseudo-juristische Grundlage für die Diskriminierung,

Kampf gegen Gegner des Regimes

Entrechtung und Schikane der jüdischen Bevölkerung – Nürnberger Rassengesetze (1935)

Entrechtung und Verfolgung der jüdischen Bevölkerung Deutschlands geschaffen. Als Folge der NS-Rassenideologie gelten sie heute als eine entscheidende Vorstufe der systematischen, organisierten Ermordung von sechs Millionen europäischer Juden (Holocaust).

Die Außenpolitik Hitlers

Die Außenpolitik der NS-Diktatur zielte darauf, die Niederlage des deutschen Kaiserreichs im Ersten Weltkrieg, die im kollektiven Bewusstsein der Deutschen nahezu traumatische Spuren hinterlassen hatte, vergessen zu machen. Es galt, die vorherige Großmachtstellung Deutschlands zu erneuern, ja zu vergrößern. In diesem Zusammenhang wird sehr schnell deutlich, dass Hitlers Ziel schon sehr früh ein erneuter Krieg war, für den die Wehrmacht aufgerüstet, die allgemeine Wehrpflicht wieder eingeführt (1935) sowie das entmilitarisierte Rheinland besetzt wurde (1936). Hitlers Politik verletzt damit bewusst wichtige Teile des sog. Versailler Vertrags. Dieser Friedensvertrag zwischen dem deutschen Kaiserreich und den im Ersten Weltkrieg siegreichen Nationen wurde von der deutschen Bevölkerung als ungerecht und maßlos empfunden. Hitler fand im Kampf gegen die Inhalte des Versailler Vertrags daher in weiten Teilen der deutschen Bevölkerung großen Rückhalt. 1938 erfolgte der „Anschluss" Österreichs an das Deutsche Reich, noch im selben Jahr erlaubte das sog. Münchner Abkommen Deutschland die Eingliederung des Sudetenlandes.

Großmachtstellung Deutschlands erneuern

Ziel: erneuter Krieg

Rückhalt in weiten Teilen der Bevölkerung

Der Beginn des Zweiten Weltkriegs

Am 1. September 1939 begann mit dem deutschen Überfall auf Polen ein von Adolf Hitler seit Langem geplanter Krieg mit dem Ziel, neuen Lebensraum im Osten für das deutsche Volk zu erobern. Der Zweite Weltkrieg (1939 – 1945) entwickelte sich schnell zu einem global geführten Krieg sämtlicher Großmächte des 20. Jahrhunderts. Im Kriegs-

Beginn des Zweiten Weltkriegs: 1. September 1939

verlauf bildeten sich zwei militärische Allianzen heraus, die als Achsenmächte und Alliierte bezeichnet werden.

Verlauf des Zweiten Weltkriegs

Die deutsche Wehrmacht konnte zu Beginn des Krieges, dessen baldiges Ende angekündigt wurde, wie versprochen schnelle militärische Erfolge erzielen, die auch nach dem deutschen Überfall auf die Sowjetunion 1941 vorerst keinen Abbruch nahmen. Die deutsche Bevölkerung glaubte fälschlicherweise an weitere Blitzkriege ohne große Opfer für die Zivilbevölkerung, der überraschend schnelle Sieg über Frankreich schien diese Hoffnungen zu bestätigen. Doch spätestens mit dem sich komplexer gestaltenden Krieg gegen Großbritannien unter dem britischen Premierminister Winston Churchill geriet der Siegeszug des nationalsozialistischen Deutschlands ins Stocken. Die deutsche Luftwaffe hatte im Kampf gegen die Briten mit hohen Verlusten zu kämpfen.

Wendepunkt: Zweifrontenkrieg

Hitler hatte lange versucht, einen Zweifrontenkrieg zu vermeiden, indem er seine Gegner, v. a. Frankreich, Großbritannien, die Sowjetunion und die Vereinigten Staaten von Amerika, militärisch nacheinander zu besiegen versuchte. Dennoch eröffnete Hitler mit seinem Überfall auf die Sowjetunion 1941 eine zweite Front, nachdem er die Luftschlacht um England verloren geben musste. Somit führte er selbst einen Zwei- bzw. Mehrfrontenkrieg herbei, der von vielen Militärhistorikern als entscheidender Fehler in der Kriegsführung angesehen wird und die letztendliche Niederlage Nazi-Deutschlands einleitete.

Vernichtungsfeldzug im Osten

Vorerst jedoch überraschte Deutschlands Angriff die Rote Armee und führte zu Beginn zu deutlichen Raumgewinnen. Die deutsche Wehrmacht plante und realisierte im Osten jetzt einen radikalen Vernichtungsfeldzug gegen die angebliche „jüdisch-bolschewistische Weltverschwörung". Das Ziel der deutschen Politik bestand darin, die eroberten Gebiete auch mit Blick auf die Ressourcen auszubeuten, die dort lebenden Menschen als Zwangsarbeiter zu rekrutieren oder aber die Zivilbevölkerung zu terrorisieren

Symbolische Niederlage: Stalingrad 1942 – deutscher Stoßtrupp
im Häuserkampf

und zu ermorden. Doch der Plan der militärischen Führung
scheiterte an Selbstüberschätzung, Arroganz und dem harten russischen Winter.

Kriegswende: Die Schlacht von Stalingrad

Mit der militärhistorisch berühmten, unerbittlich geführten Wendepunkt
Schlacht von Stalingrad kam es zu dem entscheidenden
Wendepunkt im Deutsch-Sowjetischen Krieg. Die sechste
deutsche Armee wurde im Winter 1942/43 in einer der blu-
tigsten Schlachten vernichtend geschlagen. Insgesamt fielen der Schlacht um die russische Stadt mehr als 700 000
Menschen zum Opfer. Die Vernichtung der sechsten deutschen Armee gilt bis heute als psychologischer Wendepunkt, die Schlacht läutete die militärische Niederlage des
Deutschen Reiches ein. Im Dezember 1941 traten auch die Vorentscheiden-
USA in den Zweiten Weltkrieg ein. Mit ihrer Landung auf Si- der Kriegseintritt
zilien im Juli 1943 und in Frankreich im Juni 1944 eröffne- der USA

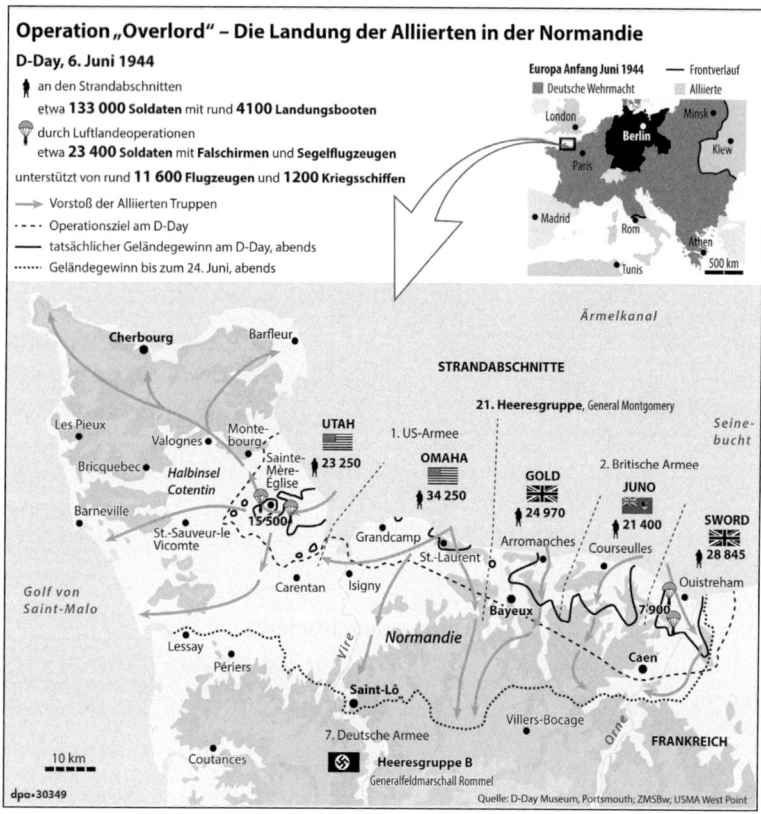

Landung der Alliierten am 6. Juni 1944 in der nordfranzösischen Normandie

ten die Westalliierten neben der Ostfront weitere Fronten in Europa.

Diesem Druck von vielen Seiten konnte Hitlers Armee auf Dauer nicht standhalten. Er beschleunigte dadurch den Zusammenbruch des Dritten Reiches gravierend.

Systematische Vernichtung der Juden: Der Holocaust

Auf der Wannseekonferenz trafen sich am 20. Januar 1942 in einer Villa am Großen Wannsee in Berlin fünfzehn hochrangige Vertreter der nationalsozialistischen Regierung und den SS-Behörden zusammen, um den begonnenen Holocaust an den europäischen Juden im Detail zu organisieren und die Zusammenarbeit der beteiligten Instanzen zu koordinieren. Die Teilnehmer organisierten in Grundzügen die Deportation der gesamten jüdischen Bevölkerung Europas zur Vernichtung in den Osten und stellten die für dieses in seinen Ausmaßen historisch singuläre (einzigartige) Verbrechen notwendige Koordination sicher. Aus den Drangsalierungen und alltäglichen Erniedrigungen, denen sich die Juden in der Zeit seit der Machtübernahme der Nationalsozialisten 1933 ausgesetzt sahen, wurde nun gnadenloser Terror und offene Verfolgung mit dem Ziel, sämtliche europäischen Juden physisch zu vernichten. Dieser sog. Holocaust wurde in Vernichtungslagern wie Auschwitz, wo allein etwa eine Million Menschen erschossen, ge-

Wannsee-
konferenz im
Januar 1942

Planung und
Durchführung
der Vernichtung
aller Juden:
Holocaust

Sechs Millionen
europäische
Juden werden
im organisierten
Genozid
ermordet

Auch Kinder wurden im KZ Auschwitz gefangen gehalten und ermordet. Das Bild wurde 1945 kurz nach der Befreiung durch sowjetische Truppen aufgenommen.

foltert, vergast wurden, unerbittlich sogar dann noch mit letzter Konsequenz durchgeführt, als die militärische Niederlage Deutschlands ab der historischen Niederlage von Stalingrad 1942 längst absehbar war.

Mit der Landung der US-Armee in der Normandie war der Ausgang des Zweiten Weltkriegs de facto entschieden. Dennoch weigerte sich die militärische Führung, ihre Niederlage einzugestehen. Millionen von Menschen, darunter viele Kinder, Frauen und Alte, sterben in den letzten Jahren, Monaten und Wochen einen sinnlosen Tod in einem Krieg, der längst entschieden ist.

Kapitulation der
Wehrmacht am
8. Mai 1945

Erst am 8. Mai 1945 musste Nazi-Deutschland kapitulieren und seine Niederlage eingestehen. Schätzungsweise über 60 Millionen Menschen weltweit hatten den von Hitlers Deutschland ausgehenden Terror, der am Ende fast den gesamten Erdball erfasste, mit dem Leben bezahlt.

Zeitgeschichtliche Verortung des Romans

Letzte
Kriegsjahre

Der Roman „Unter der Drachenwand" von Arno Geiger spielt im letzten Kriegsjahr. Am ersten Januar 1944 kommt sein Protagonist Veit Kolbe nach fünf ununterbrochenen Jahren des Kampfes an der Front in Mondsee an, um dort seine Verletzungen auszukurieren. Kolbes Erholungsjahr fällt also in eine Zeit, in der der Ausgang des Zweiten Weltkriegs längst entschieden ist. Allerdings wissen das die Menschen zu dieser Zeit noch nicht. Der heutige Leser bzw. die heutige Leserin kann es aus der historischen Rückschau passend einordnen. Dennoch muss Kolbe wenige Wochen vor Ende des Krieges erneut an die Front. Wie durch ein Wunder überlebt er auch dieses Mal. Anders als Millionen von Opfern des Krieges wird es Veit Kolbe möglich sein, in der demokratischen Bundesrepublik Deutschland seine persönlichen Lebensträume zu realisieren.

Der Krieg in der Literatur

Neben der Liebe ist der Krieg wohl das bedeutendste Thema in Kunst und Literatur. Als Erzählsujet gibt es ihn seit vielen Hundert, ja Tausenden von Jahren sowohl in der Epik als auch in der Lyrik und im Drama. Seit Menschen sich mittels Sprache künstlerisch äußern wollen, ist das Thema des Krieges allseits. Schon in den alttestamentarischen Erzählungen der Landnahme Kanaans durch die Israeliten führen diese Krieg im Namen ihres Gottes, Jehova.

Der Krieg im Alten Testament (Bibel)

Der Krieg erscheint hier als notwendig und legitimiert, weil sein Ergebnis die Verheißung des einen Gottes sein wird, das Versprechen, das Gott Mose gab, als dieser sein Volk aus der Gefangenschaft Ägyptens führen sollte (13. Jh. v.

Der Krieg als elementar-menschliche Erfahrung wird verherrlicht

Der biblische Kampf um Jericho (Julius Schnorr von Carolsfeld, 19. Jahrhundert)

Chr.). Schon hier bringt der Krieg als elementar-menschliche Erfahrung verschiedenste Ausdrucksformen mit sich. Sie reichen vom euphorischen Schlachtruf bis zur verzweifelten Totenklage, mal wird der Krieg einseitig verherrlicht,

Der Krieg ermöglicht positive Erfahrungen

dann wieder verdammt. Die kriegerische Erfahrung zieht von Beginn des Erzählens vielfältige Emotionen nach sich: Anfänglich sind sie häufig Ausdruck positiv besetzter Gefühle wie die Liebe zum Vaterland, Kampfgeist und Mut. Viele Erzähler dichten vom Krieg als einer einzigartigen Möglichkeit, echte Kameradschaft, Freundschaft, Gemeinschaft und Gefolgschaft zu erfahren. Doch auch die Schatten-

Nachteile des Krieges

seiten des Krieges werden bereits mit dem Beginn literarischer Äußerungen angesprochen. Schon im Alten Testament geht es auch um die Trauer über den im Krieg erlittenen Verlust, um die Sehnsucht nach der Heimat oder ganz grundsätzlich um den Wunsch nach Frieden und Ruhe. Hier werden Kriegshandlungen, das Töten und Morden, verabscheut und abgelehnt.

Homer: Ilias

Der trojanische Krieg

Auch in der nicht jüdischen antiken Tradition findet sich die hier beschriebene normative Bandbreite in der Einschätzung des Krieges. In Homers „Ilias" (ca. 730 v. Chr.) erkennt der Leser bzw. die Leserin ausgeprägte Lust und Begeisterung am Krieg, der als unabwendbares Fatum (Menschenschicksal) gedeutet wird. Homer schreibt über den berühmten trojanischen Krieg, der bereits über 500 Jahre zurückliegt. Sein Protagonist ist Achill, den ein überbordender Zorn auszeichnet.

Krieg fördert Raserei und Entmenschlichung

Homers Schlachtszenen sind in ihrer Drastik Ausdruck brutal-abstoßender Gewalt, denn der kämpfende Achill agiert auf dem Schlachtfeld mit erbarmungsloser Härte. Selbst sich ihm in Demutsgesten unterwerfende Gegner metzelt er gnadenlos und in rasender Wut nieder. Seine nachgewiesene Kriegstüchtigkeit gerät allerdings schon bei Ho-

mer in Konflikt mit den Anforderungen, die jeder
Mensch benötigt, um ein
anerkanntes Mitglied der
Gesellschaft zu sein. Die
Verhaltensweisen, die Achill
auf dem Feld zu einem
Kriegshelden machen, keh-
ren sich in Friedenszeiten in
ihr Gegenteil.

Dennoch wird der Krieg bei
Homer nicht infrage ge-
stellt. In der antiken Literatur begreift man ihn vielmehr als immanenten Teil
der Natur. Weil seine Existenz real ist, dient er schon
früh als Hintergrund für die
Beschreibung allgemein
menschlicher Erfahrungen
und Bedürfnisse wie Liebe,
Hass, Trauer, Rache und

Regisseur Wolfgang Petersen verfilmt Teile
der „Ilias" mit Hollywood-Star Brad Pitt in
der Rolle des kriegerischen Achill.

Tod. Auch die Tragödien des Aischylos (ca. 525 bis 456
v. Chr.), wie z. B. „Die Perser", können hier beispielhaft genannt werden.

Der Krieg und die Dichter und Dichterinnen:
Die weitere Entwicklung

Das Verhältnis des Dichters bzw. der Dichterin zum Krieg
als seinem Erzählgegenstand ändert sich auch in den folgenden Jahrhunderten nicht grundsätzlich. Es finden sich
in den folgenden Epochen unzählige Dichtungen, in denen
ruhm- und erfolgreiche Feldherren gepriesen oder verhass-
te Feinde geschmäht werden. Oft dient die Kriegsdichtung
der Erinnerung an vergangene Schlachten. Die Opfer des

Krieges, wie Kinder, Frauen und Alte, sind in vormoderner Kriegsliteratur kaum eine Erwähnung wert. Häufiger geht es darum, den Krieg mit anderen, also künstlerisch-literarischen Mitteln fortzuführen und auf diese Weise ggf. neue Kräfte zu mobilisieren. Man denke nur an zahlreiche Kreuzzugslieder, die den Kampf gegen die Ungläubigen unter Berufung auf Gott, die Nation oder die Freiheit legitimieren.

Erinnerung an vergangene Schlachten

An einigen ausgewählten Zitaten kann die Vielfalt unterschiedlicher Einstellungen der Dichter bzw. der Dichterin zum Krieg veranschaulicht werden. So hält es Horaz (römischer Dichter, 65 v. Chr. – 8 v. Chr.) noch für „süß und ehrenvoll [...], für das Vaterland zu sterben" („Dulce et decorum est pro patria mori"), während der griechische Dichter Pindar (5. v. Chr.) realistischer urteilt: „Süß ist dem, der ihn nicht kennt, der Krieg." Der romantische Dichter Jean Paul (1762 – 1825) betont in seiner berühmten Friedenspredigt aus dem Jahr 1808 die Falschheit des Krieges: „Im längsten Frieden spricht der Mensch nicht so viel Unsinn und Unwahrheit als im kürzesten Krieg." Die Ablehnung des Krieges nimmt bei den modernen Autoren deutlich zu. Der deutsche Lyriker und Dramatiker Bertolt Brecht (1898 –1956) fordert sogar zu einem Gedankenexperiment auf, das für Autoren vergangener Jahrhunderte, die den Krieg verherrlicht oder verklärt haben, noch undenkbar gewesen wäre: „Stell dir vor, es ist Krieg, und keiner geht hin."[1]

Tod im Krieg als Opfer für das Vaterland

Lüge und Unwahrheit als Folge des Krieges

Aufforderung zum Boykott

Letzte Höhepunkte der klassischen Kriegsdichtung

Die klassische Kriegsdichtung erlebt einen ihrer letzten Höhepunkte in der Zeit der napoleonischen Befreiungskriege (1813 – 1815), in der besonders Dichter wie Heinrich von Kleist (1777 – 1811) oder Ernst Moritz Arndt (1769 – 1860) hervortreten. Diese Texte sind als Ausdruck des Kampfes

Kriegsbegeisterung im Kampf gegen Napoleon

---

[1] Alle Zitate nach: www.ursulahomann.de/DerKriegInDerLiteratur/kap001.html (10.08.2020)

gegen die französische Besatzung von patriotischer Gesinnung und Kriegsbegeisterung geprägt.

Kriegsverherrlichende und heroisierende Literatur findet sich in größerem Ausmaß zuletzt im ersten Drittel des 20. Jahrhunderts. Sie beruht in der Regel auf den Erfahrungen im Ersten Weltkrieg (1914–1918), der als Urkatastrophe der Moderne gilt, von vielen jüngeren Autoren aber gerade als Befreiung aus kultureller und gesellschaftlicher Erstarrung gedeutet und entsprechend gefeiert wurde. Ernst Jüngers Roman „In Stahlgewittern" (1920) schildert den Kampf auf den Schlachtfeldern des Ersten Weltkriegs aus der Perspektive eines jungen Freiwilligen, der an vorderster Front eingesetzt, mehrfach verwundet und schließlich mit einem Tapferkeitsorden ausgezeichnet wird. Der Roman deutet den Krieg als schicksalhaftes Ereignis, dem die Menschen wie einer Naturgewalt – so erklärt sich auch der metaphorische Titel des Romans – ausgeliefert sind.

Der Erste Weltkrieg (1914–1918)

„In Stahlgewittern": Krieg als Feier der Natur und Kampf gegen die unnatürliche Gesellschaftsordnung

Der bis heute umstrittene Text spart die Grausamkeit und Brutalität des Krieges nicht aus, viele Details werden nüchtern und realistisch dargestellt. Jünger verzichtet jedoch darauf, das Geschehen des Krieges und das soldatische Handeln zu hinterfragen.

Sein Soldat stellt sich die Frage nach dem Sinn des gegenseitigen Tötens kaum, vielmehr betont er die Männlichkeit des Kampfes an vorderster Front. Der rauschhaft erlebte Nahkampf Mann gegen Mann ermöglicht vielmehr eine existenzielle, quasi natürliche Er-

Der Dichter Ernst Jünger (1895–1998) erlebt den Ersten Weltkrieg als junger Soldat als Befreiung und ästhetisches Erlebnis.

fahrung, die in der alten Kultur der Wilhelminischen Gesellschaft angeblich nicht möglich ist. Jünger deutet den Krieg als ein existenzielles Schlüsselerlebnis, das eine einzigartige ästhetische und moralische Erfahrung ermöglicht.

Antikriegsdichtung im 20. Jahrhundert

Antikriegs-
romane als
Reaktion auf
die Schrecken
des Ersten
Weltkriegs

Mit dem Beginn des 20. Jahrhunderts und der qualitativ völlig neuen Erfahrung des Ersten Weltkriegs entsteht aber zugleich auch eine Form der Antikriegsdichtung, die den Krieg als menschenfeindliche und menschenverachtende Maschinerie deutet und die bis heute ihre Spuren hinterlässt. Auch Arno Geigers Roman „Unter der Drachenwand" aus dem Jahr 2018 kann als ein in dieser Tradition stehender Text charakterisiert werden. Der wohl berühmteste Text aus dem frühen 20. Jahrhundert stammt von dem Schrift-

Erich Maria
Remarque: Im
Westen nichts
Neues (1929)

steller Erich Maria Remarque (1898 – 1970). Sein Roman „Im Westen nichts Neues" (1929) begründet de facto die Gattung des klassischen Antikriegsromans. Sein Roman schildert die Schrecken an der Westfront während des Ersten Weltkriegs aus Sicht des erst 19 Jahre alten Rekruten Paul Bäumer, der sich durch die patriotischen Reden seines Lehrers zum freiwilligen Dienst an der Waffe überreden lässt. Bäumer startet motiviert und hoffnungsvoll in das Abenteuer des Krieges, doch schon nach wenigen Wochen zeigen die dauerhaften Angriffe an der Westfront ihre Wirkung. Der junge Soldat stumpft unter der alltäglichen Erfahrung des Tötens und Sterbens schnell ab. Er verliert seine Hoffnung, den nächsten Tag zu überleben, ebenso wie seine Ideale, mit denen er noch in den Krieg zog. Am Ende wird Bäumer als Letzter aus seiner Klasse kurz vor Kriegsende tödlich getroffen. Der Antikriegsroman gilt bis heute als Bestseller der deutschen Literaturgeschichte. Er wurde weltweit über 20 Millionen Mal verkauft. Remarques realistische und ungeschönte Erzählweise prangert die Inhumanität, das massenhafte, durch moderne Waffen möglich gewordene anonyme Morden des modernen Krieges an. Anders als Ernst Jünger verzichtet er auf einen idealistischen Überbau des Krieges, der durch keine übergeordnete Idee – sei sie religiös, kulturell-philosophisch oder moralisch – gerechtfertigt werden kann. Mit seiner im Kern pazifistischen Botschaft machte sich der Dichter in der Endphase der Weimarer Republik naturgemäß Feinde. Die Nationalsozialisten starteten eine Rufmordkampagne gegen den missliebigen Autor, indem sie das falsche Gerücht in die Welt setzten, Remarque habe gar nicht am Krieg teilgenommen, seinen Kriegsschilderungen würde es daher an Glaubwürdigkeit und Authentizität mangeln. So war es nur folgerichtig, dass zahlreiche Ausgaben des Erfolgsromans aufgrund seiner prinzipiell pazifistischen Grundhaltung während der nationalsozialistischen Bücherverbrennungen 1933 vernichtet wurden. Dennoch gilt der Roman aus der Perspektive eines jungen Infanteristen, der mit schonungsloser Offenheit die grausamen Schrecken des Schützengrabenkriegs darstellt, bis heute als Klassiker der Weltliteratur.

Nationalsozialisten bekämpfen Pazifismus Remarques

Nachkriegsliteratur/Literatur nach dem Zweiten Weltkrieg

In der Zeit nach dem Zweiten Weltkrieg (1939–1945) kommt es zu einem neuen Höhepunkt der Antikriegsliteratur. Wie in der Antikriegsdichtung nach dem Ersten Weltkrieg stehen auch hier die traumatisch-verstörenden Kampferlebnisse an der Front im Mittelpunkt. Hinzu kommen spezifisch neue Probleme der Gefangenschaft, der Konzentrationslager und des Widerstands gegen den nationalsozialistischen Terror sowie die Heimkehr aus dem Krieg. Zahlreiche Dramen, Romane, essayistische Werke, Hörspiele und Gedichte beschäftigen sich in der Literatur der Nachkriegszeit mit den Folgen des Krieges für den Menschen. Und obwohl die Texte von bis heute bekannten

Höhepunkt der Antikriegsliteratur

Dichtern wie Günter Grass, Siegfried Lenz, Erich Fried, Wolfgang Borchert, Heinrich Böll, Nelly Sachs, Hans Magnus
Enzensberger, Max Frisch, Erich Fried, Hermann Hesse
u. v. a. in Sujet und Fabel, in Stil und Art der Darstellung große Unterschiede aufweisen, teilen sie dennoch den gemeinsamen Nenner der unmissverständlichen Verurteilung des unmenschlichen Krieges. Die Autorenschaft ist –

anders als dies noch nach dem Ersten Weltkrieg der Fall
war – nicht mehr zweigeteilt in Apologeten (Verteidiger)
und Kritiker des Krieges. Vielmehr herrscht Einigkeit hin-
sichtlich der menschenfeindlichen Lebensbedingungen
und Ausformungen des Krieges, den es in Zukunft zum
Wohl des Menschen und der Menschheit zu vermeiden gilt.

Der Krieg in der aktuellen Gegenwartsliteratur

Auch über 75 Jahre nach dem Ende des Zweiten Weltkriegs,
dem letzten großen verheerenden Krieg in Europa als kol-
lektives und Generationen prägendes Ereignis, lässt das
Sujet des Krieges die Dichter und Dichterinnen der Gegenwart nicht los. Die Suche nach den eigenen Wurzeln führt
viele Gegenwartsautoren und -autorinnen immer wieder
zurück in die dunkelste Epoche der deutschen Geschichte,
den Nationalsozialismus. Man denke nur an Arno Geigers
Antikriegsroman „Unter der Drachenwand" (2018), der die
Geschichte eines jungen Soldaten erzählt, der sich ein Jahr
Pause vom Krieg nimmt und Brechts Aufforderung „Stell
dir vor, es ist Krieg, und keiner geht hin!" wörtlich zu nehmen scheint. Aber auch Kriege der Gegenwart, wie in Syri-
en oder der Ukraine, werden zum Thema, insbesondere bei
Autoren und Autorinnen, die als Flüchtlinge immigriert
sind.

Wirft man 2019 einen Blick auf die Shortlist[1] des renom-
mierten Deutschen Buchpreises, so fällt dem interessierten

---

[1] Shortlist: Liste einer engeren Auswahl eines Wettbewerbes

Leser bzw. der interessierten Leserin auf, dass der Zweite Weltkrieg als Thema dominiert. Norbert Scheuers Roman „Winterbienen" erzählt von einem ausgemusterten Epileptiker namens Egidius Arimond 1944, der unter den Nationalsozialisten leidet und den nur der Heldenstatus seines Bruders vor Schlimmerem bewahrt. Als Fluchthelfer bringt er jüdische Flüchtlinge in präparierten Bienenstöcken über die Grenze und gerät dabei in höchste Gefahr, seelisch wie physisch. Der von der Kritik hochgelobte Roman erzählt präzise und spannend von einer von Zerstörung und dem Wunsch nach einem friedlichen Leben geprägten Welt.

Norbert Scheuer: Winterbienen (2019)

Saša Stanišić' mit dem Deutschen Buchpreis 2019 ausgezeichneter Roman „Herkunft" erinnert in teils erfundenen, teils realen Gesprächen des Autors mit seiner Großmutter an die Kindheit in Bosnien, die Schulzeit, den Zerfall des Vielvölkerstaats Jugoslawien, an die Flucht aus Bosnien und die schwierige Ankunft in Deutschland, in dem einige Kriegsflüchtlinge von Rechtsextremen mit brennenden Asylbewerberheimen begrüßt werden.

Saša Stanišić: Herkunft (2019)

Saša Stanišić wird 2019 für seinen Roman „Herkunft" mit dem Deutschen Buchpreis geehrt.

Im Heidelberger Stadtteil Emmertsgrund treffen die dümmlichen Vorurteile der einheimischen Bevölkerung gegenüber den Migranten auf die Hoffnungen des kriegsgeschädigten 14-jährigen Ich-Erzählers, der mit seiner Familie in der permanenten Angst vor Abschiebung leben muss.

Auch Ralf Rothmanns Roman „Im Frühling sterben" (2015) belegt die Behauptung, dass der Zweite Weltkrieg und der Nationalsozialismus die Gegenwartsliteratur nicht loslässt. Sein Roman erzählt die Geschichte zweier siebzehnjähriger Melker, die im Februar 1945, also wenige Wochen vor Ende

Ralf Rothmann: Im Frühling sterben (2015)

des Krieges, zwangsrekrutiert werden, deren Wege sich kurzzeitig verlieren, um am Ende schicksalhaft-tragisch wieder zusammenzukommen.

Ursula Krechel:
Geisterbahn
(2018)

In ihrem Roman „Geisterbahn" (2018) erzählt Ursula Krechel die Geschichte der deutschen Familie Dorn, die als Sinti der mörderischen Verfolgung durch das NS-Regime ausgesetzt ist und Opfer von Sterilisation, Zwangsarbeit und Verschleppung wird. Am Ende des Krieges ist der Großteil der Familie ermordet, ihre Existenzgrundlage und das Vertrauen in Nachbarn und gesellschaftliche Institutionen verloren. Die Erzählerfigur, der Polizistensohn Bernhard, geht nach dem Krieg mit Annchen, dem Sinti-Mädchen, in dieselbe Schulklasse. Diese Klasse entpuppt sich über die Elternhäuser als eine Art Schnittstelle unterschiedlichster Milieus, die durch ihr Verhalten gegenüber der Schaustellerfamilie Dorn nach und nach als Rassisten enttarnt werden. Krechel zeigt in ihrem Roman gesellschaftliche Kontinuitäten auf, die über den Krieg hinaus in die bundesrepublikanische Realität hineinwirken. Allein den Kindern gelingt es zeitweilig, die gesellschaftliche Erstarrung zu durchbrechen.

Serhij Zhadan:
Internat (2018)

Der fast
vergessene Krieg
in der Ukraine
als Romanthema

In seinem Roman „Internat" erzählt Serhij Zhadan vom Krieg im ukrainischen Donbass, an dem der Autor als Zivilist und Opfer selbst teilgenommen hat. Ein Lehrer plant, seinen 13-jährigen Neffen aus dem am anderen Ende der Stadt befindlichen Internat zu holen, da die Schule unter feindlichen Beschuss geraten ist und es dort für den Jungen zu gefährlich geworden ist. Der Weg, der in Friedenszeiten in kurzer Zeit zu absolvieren wäre, wird zur Prüfung. Die beiden geraten in die Nähe der kriegerischen Handlungen, wobei ihnen aufgrund des milchigen Nebels, der über der Stadt liegt, der Blick darauf verwehrt ist. Das Grauen des Krieges kommt auch zu denen, die sich knapp hinter den Kampfeslinien aufhalten. Sie sehen gelbe Feuer blitzen, hören das Rattern der Maschinengewehre, verstecken sich vor paramilitärischen Einheiten, kümmern sich um aus den

Trümmern auftauchende herrenlose Hunde und treffen auf apathisch-verstörte Menschen, die sich orientierungslos in einer apokalyptisch-urbanen Kriegsszenerie bewegen. Die beiden Städter erkennen ihre Heimat nicht mehr wieder, die vertraute Umgebung hat sich in ein unheimliches, fremdes Territorium verwandelt. Dennoch trotzen Zhadans Figuren dem Krieg ihren Anspruch auf Leben in Frieden, Freiheit und Selbstbestimmung ab. Trotz ihrer Angst behaupten sie sich selbst und setzen dem alles zersetzenden, tobenden Krieg ihr Verantwortungsgefühl entgegen.

Im Kontext dieser Romane bewegt sich auch Arno Geigers Text „Unter der Drachenwand". Im Gegensatz zu ihnen erzählt er jedoch die Geschichte eines Wehrmachtssoldaten im Zweiten Weltkrieg. Gleichwohl behauptet auch Geigers Roman, aktuell zu sein und im Leben der Menschen heute eine Verankerung zu finden. (Vergleiche hierzu das Kapitel „Arno Geiger über den Roman ‚Unter der Drachenwand", S. 109.)

Arno Geiger – Leben und Werk

Arno Geiger ist ein bedeutender österreichischer Gegenwartsautor. Er wurde am 22. Juli 1968 in Bregenz (Vorarlberg) geboren. Im Vorarlbergischen – genauer gesagt in Wolfurt – wuchs er zusammen mit seiner Schwester, die heute Musikerin ist, auf. Nach dem Abitur nahm er ein Studium der Deutschen Philologie, der Alten Geschichte und der Komparatistik[1] auf, zuerst in Innsbruck, später in Wien. Seine Diplomarbeit schrieb er 1993 zum Thema „Die Bewältigung der Fremde in den deutschsprachigen Fernreisetexten des Spätmittelalters". Daraufhin erhielt er bereits im nächsten Jahr ein Leistungsstipendium. Bis ins Jahr 2002

Bedeutender
Gegenwartsautor

---

[1] Philologie: Germanistik; Komparatistik: Vergleichende Literaturwissenschaft

arbeitete er lange Zeit als Videotechniker bei den Bregenzer Festspielen. Sowohl 1996 als auch 2004 nahm er in Klagenfurt am bekannten Ingeborg-Bachmann-Wettbewerb teil. Sein erster Roman erschien 1997 („Kleine Schule des Karussellfahrens").

Literarischer Durchbruch: „Es geht uns gut" (2005)

Seinen literarischen Durchbruch erzielte Geiger 2005, als er für seinen über 400 000 Mal verkauften und in 20 Sprachen übersetzten Roman „Es geht uns gut" den Deutschen Buchpreis erhielt. Der Roman erzählt die Geschichte einer Familie und zugleich, wie stark und folgenreich sich die Politik in den Alltag von drei Generationen – die Handlung reicht von 1938 bis 2001 – im Österreich des 20. Jahrhunderts einmischt.

„Alles über Sally" (2010)

Ein großer Erfolg wurde Geigers fünfter Roman. „Alles über Sally" erschien 2010 und erzählt die Geschichte einer Ehe, die – obwohl die Beziehung zwischen Sally und ihrem Gatten Alfred scheinbar ruhig und konfliktlos verläuft – in Gefahr gerät. Die häusliche Ordnung gerät ins Wanken, als die beiden in ihrem Wiener Vorstadthaus von einem Einbrecher aufgesucht werden. Danach wirft sich Sally lebens-

hungrig voller Trotz und Enttäuschung über ihr bisheriges mittelmäßiges Leben in eine Affäre mit dem besten Freund ihres Mannes. Dieser muss nach 30 gemeinsamen Ehejahren eine Antwort auf die Fragen finden, wer Sally eigentlich ist und wie eine Zukunft mit ihr aussehen könnte.

Spätestens seitdem zählt der österreichische Dichter zu den bedeutendsten Gegenwartsautoren deutscher Sprache. Auch die weiteren Werke des

Autors fanden starke Beachtung. So wurde die Vater-Sohn-Geschichte „Der alte König in seinem Exil" 2011 für den Preis der Leipziger Buchmesse nominiert. In dem Text setzt sich Geiger in liebevoller, aber zugleich auch schmerzhafter Weise mit der Demenzerkrankung seines Vaters auseinander, der bereits 1995 erste Anzeichen der Erkrankung zeigte. Als der Vater vorübergehend in ein Pflegeheim ziehen muss, beginnt Arno Geiger, dessen Lebensgeschichte aufzuarbeiten. Der Krankheit nähert er sich dabei nicht wütend und verzweifelt, sondern empathisch und demütig. Präzise, aber gleichzeitig warmherzig und liebevoll beobachtet der Autor die Veränderungen seines Vaters, der ihn irgendwann nicht mehr als seinen eigenen Sohn zu erkennen in der Lage ist. Der Roman zieht seine Relevanz nicht nur aus seinem autobiografischen Bezug, sondern auch aus dem demografischen Wandel der Gesellschaft, der u. a. eine deutliche Zunahme von Demenzerkrankungen zur Folge haben wird und die Frage aufwirft, auf welche Weise man dieser keinesfalls nur medizinischen Herausforderung begegnen kann.

„Der alte König in seinem Exil" (2011)

2015 erscheint der Roman „Selbstporträt mit Flusspferd", in dem Arno Geiger von einem Studenten erzählt, der – anders als von ihm selbst erwartet – mit der Trennung von seiner Freundin nicht zurechtkommt. Um die Unordnung in seinem Leben wieder in den Griff zu bekommen und um sich von der emotionalen Achterbahnfahrt abzulenken, übernimmt er bei Professor Beham die Pflege eines Flusspferdes, das kurz davor steht, in den Zoo überliefert zu werden. Die Arbeit wächst ihm wider Erwarten über den Kopf und bestimmt seinen kompletten Lebensrhythmus. Auf seiner Suche nach einer Neuorientierung im Leben verliebt sich Julian in Aiko, die Tochter seines Professors, und durchlebt eine aufregende und zugleich beunruhigende Zeit des Umbruchs. Nach zehn Jahren schaut Julian – mittlerweile längst selber Tierarzt in Wien – auf seinen aufre-

„Selbstporträt mit Flusspferd" (2015)

genden Sommer zurück und deutet ihn als lebensnotwendige Suche nach seinem persönlichen Platz in der Welt.

Arno Geiger
über die Aufgabe
der Kunst

2018 erhielt der bedeutende Dichter den Joseph-Breitbach-Preis. In seiner damaligen Dankesrede äußerte er sich zur Bedeutung der Kunst für den Menschen heute: „Kunst bewahrt den Menschen nicht vor dem Chaos, sondern vor der Ordnung. Kunst bewahrt das Individuum vor dem eindimensionalen Blick. Einzigartig ist der Mensch nicht auf einfache, sondern auf komplizierte Art."[1] Dieses Zitat passt gut zu Arno Geigers größtem literarischen Erfolg, dem 2018 erschienenen Antikriegsroman „Unter der Drachenwand", der im letzten Jahr des Zweiten Weltkriegs 1944 spielt. Erzählt wird die Geschichte des 24-jährigen Wehrmachtssoldaten Veit Kolbe, der nach fünf ununterbrochenen Jahren an der Front aufgrund einer Verletzung für ein Jahr zur Erholung ins Salzkammergut versetzt wird. Kolbe glaubt fälschlicherweise, dass er nun Ruhe vor dem Grauen des Krieges hat. Doch dieser Glaube erweist sich schnell als Trugschluss. Seine ihn in regelmäßigen Abständen aufsuchenden Angst- und Panikattacken als Folge der Kriegserfahrungen, aber auch die zum Teil bösartig-hinterhältigen Menschen im nur scheinbaren Idyll der österreichischen Provinz erinnern ihn daran, dass man den Krieg als existenzielle Erfahrung nicht einfach abschütteln kann. Erst der befreiende Einfluss eines mutigen Gärtners und die Liebe einer jungen Mutter sorgen für Emanzipation und zunehmende Autonomie des jungen Soldaten, der nach einem Jahr verändert und optimistisch an die Front zurückkehrt und dort die letzten Monate des Krieges tatsächlich überleben wird. Der Autor beschäftigt sich hier mit der Fragestellung, auf welche Weise der Krieg das Individuum verformt und wie es möglich ist, als Einzelner dem gesamt-gesellschaftlichen Druck der Dehumanisierung standzuhalten.

„Unter der
Drachenwand"
(2018)

---

[1] www.literaturbuero-lueneburg.de/ehrengaeste.htm (10.08.2020)

Geigers Themen spiegeln die Probleme unserer Gesellschaft. Sie berühren Fragen nach der Freiheit des Willens,
nach der Menschenwürde in einer auf Effizienz getrimmten
Leistungsgesellschaft, nach dem angemessenen und richtigen Umgang mit Krankheit und nach dem Umgang mit
dem kulturell Anderen. Für den Kritiker Michael Braun zeugen Geigers Werke von einer „Ethik der familialen und sozialen Verantwortung, die sich bewährt, wenn der Charakter
stärker wird als die Intelligenz, das Verstehen wichtiger
wird als das Wissen. So schreibt Geiger mutige Charakter-
bücher, die den Leser nach dem Sinn des eigenen Lebens
und Alterns fragen lassen. Arno Geigers Erinnerungsroma-
ne plädieren für ein kommunikatives Gedächtnis, das die
Generationen nicht trennt, sondern zusammenführt und
zusammenhält. Arno Geiger schreibt [...] mit genuiner
sprachästhetischer Gestaltungskraft ‚über die grundlegen-
den Dinge, die uns getrieben haben, die Menschen zu werden, die wir sind'."[1]

Geigers Themen spiegeln gesellschaftliche Probleme

Arno Geiger über den Roman „Unter der Drachenwand"

In zahlreichen Interviews hat sich der Dichter bei Erscheinen seines Romans über diesen geäußert. Im Folgenden
werden einige für sein Verständnis interessante Gedanken
und Ausführungen Arno Geigers wiedergegeben.

Zur Motivation des Romans

Befragt zu seiner Motivation, äußert der Autor den Gedanken, dass er in seinem Roman nicht nur das für den Menschen katastrophale Wesen des Krieges, „Metall, Kälte und

Krieg als Gefahr, aber auch als Chance

---

[1] www.kas.de/de/arno-geiger-2011- (10.08.2020)

Vergeudung"[1], darstellen wolle, sondern dass der Krieg „auch sein Gegenteil besser sichtbar" mache: „Verletzlichkeit, Wärme und Schönheit".[2] Gerade weil Geigers Protagonist Veit Kolbe also die furchterregende Erfahrung des Krieges gemacht hat, ist es ihm möglich, zu erkennen, was im Leben wirklich wichtig ist. In seinem ruhigen Jahr in Mondsee gelingt es ihm, genau dies zu reflektieren. Und so kümmert er sich um Freundschaft, Liebe, soziale Kontakte und die Schönheit und Unberührtheit der Natur.

Wie der Autor an sein Thema kam

Zufallsfund auf dem Flohmarkt

Interessant ist auch der Zufall, der dem Autor sein Thema bescherte: Geiger kauft auf einem Wiener Flohmarkt alte Briefe, die sich als Korrespondenz des Lagers „Schwarzindien" herausstellen, in das Wiener Mädchen aus Angst vor dem drohenden Luftkrieg evakuiert wurden. Am Anfang steht also die umfangreiche Sichtung von Kinder-, Eltern- und Behördenbriefen. Ihre Themen bringen den Dichter zu der Überlegung, keinen konventionellen Antikriegsroman zu schreiben, der – wie beispielsweise Remarques „Im Westen nichts Neues" – an der Front spielt und die Unmenschlichkeit des Krieges unmittelbar mittels kriegerischer Auseinandersetzungen zeigt. Ganz im Gegenteil holt er seinen Protagonisten Veit Kolbe von eben diesem Schlachtfeld herunter und entführt ihn in die nur auf den ersten Blick harmlose, kriegsferne Provinz: „Ich dachte, es könnte lohnenswert sein, vom Krieg abseits der Schlachtfelder zu erzählen, von einem Krieg, der auch im Hinterland allgegenwärtig ist und längst in jeden Winkel des Privaten eingedrungen ist."[3]

Thema: Der Krieg abseits der Schlachtfelder

[1] www.dtv.de/_files_media/downloads/lesekreis-material-drachenwand-1235.pdf (10.08.2020)
[2] Ebd., S. 2
[3] www.dtv.de/_files_media/downloads/lesekreis-material-drachenwand-1235.pdf (10.08.2020)

Was Arno Geiger an Veit Kolbe interessiert

An seiner Hauptfigur interessiert Geiger v. a., dass er kein typischer Romanheld ist. Ganz im Gegenteil handelt es sich bei dem 24-jährigen Veit Kolbe um einen Wehrmachtssoldaten, der für Hitlers Deutschland getötet hat. Grundsätzlich steht Kolbe damit auf der falschen Seite. Als ein Rädchen im Getriebe des nationalsozialistischen Deutschlands ist der Soldat aber dennoch kein typischer Bösewicht. Kolbe wird von den gesellschaftlichen Verhältnissen in den Krieg gezwungen. Schnell zeigt sich, dass er kein Überzeugungstäter ist, die fünf Jahre an der Front haben ihn zu einem Antimilitaristen geformt, der nur noch nicht den Mut aufbringt, zu einem Widerständler zu werden, so wie es dem jungen Rekruten in Siegfried Lenz' 2014 erschienenem Roman „Der Überläufer" gelingt. Ein Held ist Kolbe also nicht, ein Bösewicht noch weniger. Genau das entspricht der Intention des Autors: „Mich interessieren die Grautöne mehr als Schwarz-Weiß-Malerei."[1] Aus diesem Grund charakterisiert sich Kolbe bei Ankunft in Mondsee als „Grauer", der Aspekte eines Mitläufers ebenso zeigt wie „Aspekte eines selbstständig denkenden jungen Mannes"[2]. In der Literaturwissenschaft hat sich hierfür seit Schillers theoretischer Schrift „Über die tragische Kunst" (1792) der Begriff des „gemischten Charakters" durchgesetzt. Ein solcher gemischter Charakter, der positive wie negative Eigenschaften vereine, sei – so Geiger – Kolbe allein schon deshalb, weil seine Auflehnung „momenthaft" sei. Er wagt es zwar, seinen Freund, den Brasilianer, vor drohender Verhaftung, Folter und wahrscheinlichem Tod zu retten, indem er seinen eigenen Onkel Johann erschießt. Dennoch ist die Auflehnung – anders z. B. als bei den Geschwistern Scholl und der Weißen Rose – nicht politisch, sondern privat. Kolbe

Weder Held noch Bösewicht: Kolbe ist ein „gemischter Charakter"

---

[1] Ebd., S. 3
[2] Ebd.

tötet seinen Onkel nicht, weil dieser ein Nazi ist, sondern weil er seinen besten Freund retten will.[1]

Wieso Arno Geiger seinen Roman für aktuell hält

„Grautöne"

Dieser Aspekt ist Arno Geiger sehr wichtig. Er warnt vor Schwarz-Weiß-Malerei, die angesichts der ungeheuren, unermesslichen Verbrechen im Dritten Reich verführerisch leicht zum Einsatz käme. In der Aufarbeitung der Verbrechen sei nach dem Krieg zunächst kein Platz für Grautöne gewesen, was zur Folge hatte, dass „die vielen Millionen Mitläufer und Systemerhalter fein herauswaren. Sie befanden sich außerhalb der zentralen Perspektive: hier Täter, dort Opfer"[2]. Ein solches Verhalten gebe es auch heute noch, indem einer bestimmten Tätergruppe die alleinige Verantwortung für ein Problem zugeschanzt werde. Beispielsweise wüssten die Menschen, dass ihr Lebensstil nicht nachhaltig sei und die gemeinsame Lebensgrundlage zerstöre. Doch man gebe für diese Vorgänge lieber anderen die Schuld, statt sein eigenes Verhalten zu verändern: „So gesehen, der Mensch lebt auch heute unter der Drachenwand."[3]

Welcher Nebenfigur Arno Geiger besondere Beachtung schenkt

Rolle des Brasilianers als Symbolfigur der Hoffnung und des Widerstands

Für seine bedeutendste Nebenfigur, ohne die sein Roman unvollständig sei, hält Geiger den Bruder der bösartigen Zimmerwirtin, den Brasilianer, einen Gärtner mit einem Glashaus. Das Glas- oder auch Gewächshaus ist ein zerbrechlicher Ort, permanent droht ihm die Zerstörung von außen. Für Geiger ist das Glashaus ein „zerbrechlicher Ort

---

[1] www.dtv.de/_files_media/downloads/lesekreis-material-drachen
wand-1235.pdf (10.08.2020)
[2] Ebd., S. 4
[3] Vgl. ebd.

der Wärme und des Kultivierens"[1]. In seinem Schutz ist es möglich, ein anderes Leben zu leben, als es in der national-sozialistischen Gesellschaft unter stetiger sozialer Kontrolle denkbar wäre. Die Symbolkraft der Figur des Brasilianers verdankt Arno Geiger dabei ebenfalls einer Recherche in alten Briefen. In einer Korrespondenz aus den 1950er-Jahren habe er die Briefe eines Mannes gefunden, der aus Brasilien seinem Bruder in Wien schreibt und „Europa als Ganzes attackiert" wegen seiner Wissenschaftlichkeit, Rationalität und Kälte. Genau nach solch einer widerständigen Figur, die Haltung besitzt, statt sich auf Ideologien zu berufen, habe er lange gesucht. Gerade diese Figur böte den Lesern bzw. Leserinnen die Möglichkeit, „neue Perspektiven auf die Welt" auszuprobieren: „Ich probiere beim Schreiben Perspektiven aus und biete sie den Lesern probehalber an. Zu versuchen, die Welt mit den Augen anderer zu sehen, ist nicht nur ein subtiles[2] menschliches Vergnügen, sondern auch eine moralische Pflicht [...]."[3] Auch die heutige Zeit sei von Radikalität und Fundamentalismus nicht frei. Fundamentalisten weigerten sich, die Welt mit den Augen anderer Menschen zu sehen. Gerade für diese habe die Lektüre eines Romans wie „Unter der Drachenwand" große Relevanz. Es gehe darum, zu erkennen, wie Fundamentalismus, Radikalismus, Nazismus den Dialog verweigern und in ihrer Logik zur Eskalation des Krieges führen. Am Leben der Figuren seines Romans könne man hingegen erkennen, wie der Krieg auch abseits der Schlachtfelder „das Private aushöhlt, Gestaltungsmöglichkeiten verhindert, Selbstvertrauen zerstört"[4].

Ziel des Lesens: soziale Perspektiven-übernahme

---

[1] www.dtv.de/_files_media/downloads/lesekreis-material-drachen wand-1235.pdf (10.08.2020), S. 5

[2] subtil: mit viel Feingefühl, schwer zu durchschauen, differenziert

[3] www.dtv.de/_files_media/downloads/lesekreis-material-drachen wand-1235.pdf (10.08.2020), S. 7

[4] www.dtv.de/_files_media/downloads/lesekreis-material-drachen wand-1235.pdf (10.08.2020)

Arno Geiger zur formalen Besonderheit seines Romans

Mit dieser Idee hängt laut Geiger auch die ungewöhnliche formale Gestaltungsweise des Romans zusammen. Neben der Hauptfigur gibt es mehrere Erzähler, deren Briefe in die Handlung eingearbeitet sind. Für Geiger ist dieses Konstruktionsprinzip nicht beliebig, sondern fundamental. Ihm geht es darum, „immer ein dreidimensionales Bild von der Welt zu bekommen, und der Blick aus nur einem Fenster, den finde ich nicht so spannend wie den Blick aus unterschiedlichen Fenstern"[1]. Er sei mehr an perspektivischen Brechungen interessiert als an der Dominanz einer einzigen Figur und deren Meinung. Zu seiner eigenen Überraschung gebe es nur wenige Gesellschaftsromane über den Nationalsozialismus, die ein komplexeres gesellschaftliches Bild zeichneten. Im Roman „Unter der Drachenwand" gehe es um die einfachen Menschen abseits jeden Heldentums, um „ganz durchschnittliche Menschen". Es sei falsch, „Schafe und Böcke" streng zu unterscheiden und das Leben im Zweiten Weltkrieg auf eine einfache Täter-Opfer-Konstellation zu reduzieren. Wer einsehe, dass das Leben komplexer und mehrdimensionaler sei, werde toleranter und offener für Unterschiede, Nuancen und Details[2].

Die Bedeutung des Schreibens und Erzählens

Dem Schriftsteller Arno Geiger ist es wichtig, zu betonen, dass der positive Entwicklungsprozess, den seine Hauptfigur Veit Kolbe durchläuft, nicht allein auf die Liebe Margots und die aufrüttelnde Freundschaft mit dem Brasilianer zurückzuführen ist. Denn Veit Kolbe sei ja nicht nur ein verletzter Soldat, sondern auch eine Art Schriftsteller; in je-

---

[1] www.deutschlandfunkkultur.de/arno-geiger-ueber-seinen-roman-unter-der-drachenwand-jede.1270.de.html?dram:article_id=407604 (10.08.2020)

[2] Ebd.

dem Fall ein Erzähler, der seine Gedanken, Träume, Erfahrungen, Hoffnungen und v. a. Erinnerungen an den Krieg in seinem Tagebuch notiere. Diese Tätigkeit nimmt einen großen Teil seines Tages in Anspruch, es „hält ihn [...] irgendwie am Leben oder stabilisiert ihn zumindest"[1]. Grund dafür sei die Verlangsamung, die mit dem Schreiben einhergehe. Beim Schreiben dächten wir über uns selber nach, über die Welt, wo man stehe und was einem widerfahre. Für diese fundamental wichtigen Vorgänge finde der heutige Mensch kaum noch Zeit. Auch Veit Kolbe findet die Ruhe in der mobilen Gesellschaft des Zweiten Weltkriegs erst, als er sich vom Zentrum vorübergehend an deren Rand begeben kann. Weil er nun nachdenken kann, Muße findet, das Erlebte zu verarbeiten und v. a. zu bewerten, entwickelt er Autonomie und Verantwortung. Ist er als einfacher, kämpfender Soldat nur ein für das große Ganze nahezu bedeutungsloses Rädchen im Getriebe, wird er sich im Prozess des Schreibens seines eigenen Wertes, seiner Bestimmung, bewusst. Er geht als ein anderer Mensch zurück in den Krieg. Und es ist kein Wunder, dass es ihm – wie der Herausgeber in seinem Nachwort informiert – in der Nachkriegszeit gelingt, seine Lebensträume doch noch, jedoch mit Verspätung, zu verwirklichen.

Ziel des Schreibens: Verlangsamung und Reflexion

Übernahme von Verantwortung

Sprache und Erzählen

Die Art und Weise, wie Arno Geiger seine Figuren zu Wort kommen lässt – also ihre Sprache –, ist mittlerweile zu einiger Berühmtheit gelangt. So hat der österreichische Bestseller-Autor 2018 eine der höchstdotierten deutschen Auszeichnungen für Literatur, den Joseph-Breitbach-Preis, er-

---

[1] www.deutschlandfunkkultur.de/arno-geiger-ueber-seinen-roman-unter-der-drachenwand-jede.1270.de.html?dram:article_id=407604 (10.08.2020)

halten. In der Begründung für die Preisvergabe wird vor allem auf die besondere Entwicklung der Sprache des Dichters eingegangen, die sich mit seinem Roman „Unter der Drachenwand" ohne Frage auf einem Höhepunkt befinde.

Sprachlich-stilistische Entwicklung Arno Geigers

Mit Blick auf die sprachlich-stilistische Entwicklung, die der Autor im Verlauf seines Werkes genommen habe, sei auffällig, dass es diesem anfangs noch um ein „hochtouriges Erzählen mit Kaskaden von Sprachspielen"[1] gegangen sei. Doch diese dem Ehrgeiz des jungen Nachwuchsautors geschuldete Formverspieltheit habe im Laufe der Jahre gravierend abgenommen und habe sich nahezu verflüchtigt.

Stil: schlichte Alltagssprache

Mit „stiller Beharrlichkeit und Kunstverstand" habe Geiger an seinem Stil als Autor gearbeitet, um heute „entspannt in einer schlichten und doch eleganten Alltagssprache zu schreiben". Geiger folge – so der Laudator Franz Haas – dem Sprichwort „Lerne die Zauberei, aber benutze sie nicht"[2]. Statt der eitlen Suche nach der großen Metapher habe der Autor auch nach eigener Auskunft „sprachlich den Gürtel enger geschnallt", die sprachliche Entwicklung des Werks Arno Geigers sei von einer spürbaren und bewussten „Reduktion des erzählerischen Specks zugunsten der inhaltlichen Raffinesse" geprägt: „[I]mmer unsichtbarer wurden die Tricks des Sprachmagiers, immer bezaubernder die

Ziel: verständliche und einfache Sprache

Schmucklosigkeit der Texte."[3] Das Bemühen um eine „verständliche, ungeschraubte Sprache" zielt auch nach Selbstauskunft des österreichischen Dichters darauf, „sich das Schreiben so schwer wie möglich zu machen, ohne dass man es merkt". Das Ziel, in einer „hintersinnig einfach raffinierten Sprache" zu schreiben, ist auch im Roman „Unter der Drachenwand" spürbar: „Bald ein ganzes Jahr trieb ich mich in Mondsee herum, indessen der Krieg kein Ende

---

[1] Fritz Haas: Der stille Anverwandlungskünstler. Laudatio auf Arno Geiger zur Verleihung des Joseph-Breitbach-Preises. Koblenz 2018, S. 7
[2] Ebd., S. 6
[3] Ebd., S. 8

nahm. Der Jahrestag meiner Verwundung war verstrichen, und ich wunderte mich selbst, dass es mir gelungen war, mir den Krieg so lange vom Leib zu halten. Als ich Ende November aus Wien eine Beorderung bekam, durfte ich mich nicht beklagen, jedenfalls nicht laut, denn in Wahrheit war es mir bisher vergönnt gewesen, einen unauffälligen Mittelweg zu gehen, der lag, sagen wir, zwischen dem allergrößten Glück mancher und dem härtesten Schicksal vieler." (S. 356) Geigers Protagonist spricht hier einerseits in einer formellen („Beorderung"), andererseits in einer altertümlichen („indessen") Sprache zu sich selbst und zum Leser bzw. zur Leserin, die Einschübe („sagen wir") geben der Äußerung etwas Beiläufiges, scheinbar spontan Dahergesagtes, trotzdem hat sie existenziell-philosophisches Gewicht [„zwischen … Glück und … Schicksal …"]. Kolbe spricht ohne jede staatstragende, wichtigtuerische Attitüde zu sich selbst; er zieht ein positives Fazit über seine einjährige Auszeit vom Krieg; es sind die Gedanken eines desillusionierten jungen Wehrmachtssoldaten, der die Atempause unter der Drachenwand dazu nutzt, sein eigenes bisheriges Leben einer kritischen Prüfung zu unterziehen. Für den Kritiker Haas entsteht auf diese Weise ein „erzählerisches Mirakel[1] aus Leichtigkeit und Tiefsinn"[2]. Insgesamt kann Kolbes Erzählen als zurückgenommen, an manchen Stellen fast zaghaft, nahezu immer jedoch empathisch und mitfühlend charakterisiert werden. Geigers Protagonisten gelingt es, komplizierte Sachverhalte in häufig einfachen und verständlichen Worten, in entschlackter Prosa auszudrücken. Das verleiht ihm seine Warmherzigkeit, Glaubwürdigkeit, Authentizität und Größe. „Der Autor muss sprachlich nie forcieren. Gerade die schlichten, oft absichtslos poetischen Worte, mit de-

Einfache Worte drücken komplizierte Zusammenhänge aus

Verzicht auf Pathos

---

[1] Mirakel: Wunder
[2] Fritz Haas: Der stille Anverwandlungskünstler. Laudatio auf Arno Geiger zur Verleihung des Joseph-Breitbach-Preis. Koblenz 2018, S. 11

nen Veit, Nanni, Oskar und die anderen von frommen Wünschen und vom täglichen Entsetzen sprechen, übertrumpfen jedes Pathos."[1] Für den NZZ-Rezensenten Paul Jandl zeichnet sich die Sprache Arno Geigers dadurch aus, dass sie in der Lage ist, die großen Metaphern kleinzurechnen, „es bleiben die vielen kleinen Bilder, aus denen der Roman besteht"[2]. Geiger nutze den „semantischen Spielraum zwischen Ahnung und Wissen, um alles zu vermeiden, was allzu pädagogisch sein könnte"[3].

In der folgenden Übersicht werden einige ausgewählte Beispiele aus dem Roman aufgeführt, die anhand unterschiedlicher Figuren deutlich machen, wie es Arno Geiger gelingt, schlicht, pathosfrei und in kleinen sprachlichen Bildern große Gefühle, Stimmungen und Erfahrungen auszudrücken.

Die Sprache Veit Kolbes

So spricht und wirkt Veit Kolbe

Beispiel I: „Und der Krieg rückte keinen Millimeter zur Seite." (S. 81)

Definition: Personifikation

Wirkung und Funktion: Kolbe erfährt die Vernichtungsmaschinerie des Krieges zu Beginn seines Aufenthalts in Mondsee als absolut dominant. Er merkt, an seinen wiederkehrenden Panikattacken und dem Nazismus einiger Dorfbewohner, wie z. B. der Quartierfrau, dass er dem Einfluss des Krieges auch hinter der Front in der nur scheinbaren Idylle des Mondsees nicht entkommen kann.

Beispiel II: „Auf der Wäscheleine des Brasilianers, die zwischen zwei Apfelbäumen gespannt war, wehten die Windelfahnen." (S. 193)

---

[1] www.general-anzeiger-bonn.de/news/kultur-und-medien/ueberregional/arno-geigers-gelingt-ein-klemmender-kriegsroman_aid-43611543 (10.08.2020)
[2] www.nzz.ch/feuilleton/von-der-geschaeftstuechtigkeit-der-firma-blut-und-boden-ld.1344758 (10.08.2020)
[3] Ebd.

Definition: Alliteration

Wirkung und Funktion: Die Aussage macht deutlich, wie sehr sich die Prioritäten des Soldaten Kolbe verändert haben. Die Dominanz des Krieges, der er fünf Jahre lang ausgesetzt war, wird durch das private, familiäre Leben mit Margot, Lilo und dem Brasilianer im Schutz des Gewächshauses zurückgedrängt. Nahezu symbolisch wehen jetzt „Windelfahnen" statt Hakenkreuz-Fahnen im Wind und betonen auf diese anschauliche Weise, was Kolbe nun wichtig geworden ist, ein privates kleines Glück jenseits politisch-gesellschaftlicher Forderungen und Ansprüche.

Die Sprache des Brasilianers

Beispiel: „Ruhig wird das Herz erst, wenn wir geworden sind, was wir sein sollen." (S. 367)

So spricht und wirkt der Brasilianer

Definition: Symbol

Wirkung und Funktion: Es entsteht der Eindruck aus der Sicht des Brasilianers, dass Veit Kolbe mit der Tötung seines Onkels das Richtige getan hat, weil er seinem Herzen gefolgt ist. Kolbe habe gefühlt, dass es richtig ist, alles für die Werte wie Menschlichkeit und Freundschaft zu riskieren und aktiven Widerstand gegen den Nazismus zu leisten.

Die Sprache des jüdischen Zahntechnikers Oskar Meyer

Beispiel I: „Wer sagt mir noch, dass er mich liebt. Niemand." (S. 261)

So spricht und wirkt Oskar Meyer

Definition: Rhetorische Frage

Wirkung und Funktion: Die einfache rhetorische Frage, die der Frau und Kind vermissende Oskar Meyer mit einem einzigen, klaren Wort beantwortet, verdeutlicht die Verlassenheit und Einsamkeit des desillusionierten Mannes.

Beispiel II: „Wie rasch das Leben vergeht und wie langsam der Krieg" (S. 248).

Definition: Antithese

Wirkung und Funktion: Der von Frau und Kind getrennte Wiener Jude zeigt seine Überraschung und Verzweiflung über den andauernden Terror der Nationalsozialisten, vor dem er aus seiner Heimatstadt geflohen ist und der ihn nun aber auch in der europäischen Kulturmetropole Budapest verfolgt und bedroht. Der Krieg wird dabei als ein grundsätzlicher Gegensatz zum Leben gedeutet, es gibt nichts Gutes an ihm, auch nicht im Hinblick auf die Zukunft.

Die Sprache Lore Neffs aus Darmstadt

So spricht und wirkt Lore Neff

Beispiel I: „[…] die Gedanken haben im Krieg kein gutes Leben und gehen im Kreis." (S. 373)

Definition: Personifikation

Wirkung und Funktion: Die Mutter von Margot beschreibt ihren Alltag unter den ständigen Luftangriffen, die sie dazu zwingen, sich häufig in Luftschutzbunkern in Sicherheit zu bringen. Die permanente Lebensgefahr lässt keine anderen Gedanken, etwa zum Alltag oder zur Familie, mehr zu. Der Krieg wird so dominant, dass er alles andere zurückdrängt. Ein echtes soziales Miteinander, das das Leben ausmacht, kann nicht mehr gelebt werden.

Beispiel II: „Dazu ist alles so schwer zu bekommen, kein Dung, kein Drahtzaun, keine Dachpappe, alles fehlt." (S. 86)

Definition: Alliteration

Wirkung und Funktion: Die Mutter von Margot schreibt in langen Briefen aus dem unter Dauerbombardement stehenden Darmstadt von ihrem misslingenden Versuch, sich gegen die allseitige Zerstörungen des Krieges zu wehren. Ihr gelingt es nicht, die notwendigen Reparaturen auszuführen, die Voraussetzungen wären, um wieder ein halbwegs normales Leben aufzunehmen. Der durch den Krieg ausgelöste Mangel an alltäglichen Dingen sorgt für Enttäuschung und Frustration.

Die Sprache Annemarie („Nanni") Schallers

<u>Beispiel:</u> „So bin am ganzen Leibe ich, so bin ich und so bleibe ich, yes, Sir!" (S. 151)

<u>Definition:</u> Wiederholung

<u>Wirkung und Funktion:</u> Nannis letzte Botschaft findet sich auf einem Zettel, den man nach ihrem Verschwinden in ihrem Rucksack findet. Die Wiederholung gibt Auskunft über ihre Entschlossenheit, sich vom totalitären System, von Erziehung und Familie nicht unterkriegen zu lassen. Der Satz spiegelt ihren Mut, auf einem selbstbestimmten, autonomen Leben zu bestehen und sich ihre Träume – hier die Ersteigung der Drachenwand mit ihrem Cousin Kurt – nicht verbieten zu lassen. Darin ähnelt sie der Figur Veit Kolbe.

So spricht und wirkt Nanni Schaller

Die Sprache des jungen Rekruten Kurt Ritler

<u>Beispiel:</u> „Ich versteh die ganze Geschichte nicht. Ich versteh nicht, was ihr von Nanni und mir wollt." (S. 244)

<u>Definition:</u> Anapher

<u>Wirkung und Funktion:</u> Mit der Betonung seines Unverständnisses wird deutlich, dass ein derart junger Mensch wie Kurt Ritler – anders als der fronterfahrene Veit Kolbe – die Zusammenhänge des Krieges nicht zu durchschauen in der Lage ist. Er fühlt sich ausgeliefert und hilf- und orientierungslos.

So spricht und wirkt Kurt Ritler

Rezeption des Romans „Unter der Drachenwand"

Bei seinem Erscheinen 2018 wurde der neue Roman Arno Geigers in den Feuilletons der bedeutenden Tages-, Wochen- und Fachzeitungen besprochen. In der Folge werden einige ausgewählte Rezensionen in Auszügen vorgestellt. Insgesamt wurde der Roman ausgesprochen positiv, in weiten Teilen sogar euphorisch aufgenommen. Vereinzelte

Insgesamt positiv-euphorische Aufnahme des Romans

Kritik bezieht sich ausschließlich auf Teilaspekte, nie auf das Ganze des Werkes.

Rezension von Gerrit Bartels

Der Literaturkritiker Gerrit Bartels von der Zeitung „Der Tagesspiegel" liest Arno Geigers Roman als einen Text über die Wesensverzerrungen des Menschen in Kriegszeiten.[1] Mit seinen Romanfiguren zeige der österreichische Dichter die Verluste, die Menschen im Kriege ereilen. Und dabei gehe es ihm weniger um die materiellen Seiten, sondern um Schäden in den „Psychogeografien" der Menschen.[2] Über die gesamte Geschichte hinweg moniere Geigers Hauptfigur Veit Kolbe, wie sehr der Krieg ihm zugesetzt, ihn seiner Jugend und wahrscheinlich auch seiner Zukunft beraubt und die Beziehung zu seinen Eltern zerstört habe. Es sei nachvollziehbar, dass ein solcher Mensch seine Ängste mithilfe von Psychopharmaka bekämpfe, doch Geiger mache deutlich, dass die Medikation keinen dauerhaften Nutzen habe.

Schreiben als Therapie Anders als das Schreiben, das in Kolbes Fall „therapeutischen Charakter" aufweise.[3] Indem Kolbe alles notiere, was er im Krieg erlebt habe, begebe er sich auf einen schmerzhaften Prozess, der am Ende in der Heilung münde. Dass Kolbe eine positive Entwicklung durchlaufe, liege also eher an seiner individuellen Art der Vergangenheitsbewältigung, weniger an seiner Auszeit vom Krieg. Denn auch in Mondsee seien die Menschen von der Normalität jenseits des Krieges weit entfernt. Hier gebe es Denunziationen, Nachstellun-

Funktion weiterer Erzählstimmen gen, Verhaftungen und Tote. Dass Arno Geiger nach knapp hundert Seiten weitere Erzählstimmen in seinen Roman integriert, hält der Rezensent für einen leichten Bruch, der aber nachvollziehbar sei. Geiger wolle sein „44er-Hinter-

---

[1] Vgl. www.tagesspiegel.de/kultur/unter-der-drachenwand-von-arno-geiger-mit-den-augen-der-toten/20825358.html (10.08.2020).
[2] Ebd.
[3] Ebd.

der-Front-Tableau"[1] umfassender gestalten und dafür benötige er eben die Stimmen der Mutter von Margot, Kurtis oder Oskar Meyers. Anfangs mögen diese zusätzlichen Stimmen „irritieren", zudem seien sie sprachlich „unterkomplexer" und in Teilen redundant[2].[3] Allerdings gelinge es Arno Geiger am Ende, die Stimmen harmonisch in einem für den Leser bzw. die Leserin nachvollziehbaren Beziehungsgeflecht zu verbinden. Die Stärke des Romans bestehe darin, dass er etwas leiste, was ein Geschichtsbuch nicht könne: Er schildere den vermeintlich unbedeutenden Alltag, das Leben, Lieben und die Hoffnungen ganz normaler Menschen jenseits der großen Politik. Dieser interessante und ungewöhnliche Ansatz mache den Roman „Unter der Drachenwand" zu einem bemerkenswerten Stück Literatur.

Vorteile des Romans gegenüber Geschichtsbüchern

Gerrit Bartels lobt den Roman, …

- da er die Wesensverzerrungen des Menschen im Krieg zeige.
- da er Schreiben als Chance der Selbstvergewisserung anbiete.
- da er die verschiedenen Erzählstimmen sinnvoll zusammenbringe.

Rezension von Iris Radisch

Die Literaturkritikerin Iris Radisch von der Wochenzeitung „DIE ZEIT" meint, dass ein besonderes Verdienst des Romans darin liege, dass es ihm gelinge, dem heutigen Leser bzw. der heutigen Leserin das Lebensgefühl vergangener Zeiten nahezubringen. Einfühlsam rekonstruiere Arno Geiger die Gemütslage der Menschen am Ende des Zweiten Weltkriegs.[4] Indem der österreichische Autor reale Briefe und Tagebücher aus dem Jahr 1944 zusammengetragen

Leben der Menschen im Krieg wird nachvollziehbar

---

[1] Ebd.
[2] redundant: mehrfach vorhanden, wiederholt
[3] www.tagesspiegel.de/kultur/unter-der-drachenwand-von-arno-geiger-mit-den-augen-der-toten/20825358.htm (10.08.2020)
[4] Vgl. www.zeit.de/2018/03/unter-der-drachenwand-arno-geiger (10.08.2020)

habe, die er um eigene, literarische Figurationen ergänzt habe, gelinge ihm eine „seelische Innenaufnahme des Kriegsendes"[1]. Sie vergleicht seinen Roman mit Walter Kempowskis kollektivem[2] Tagebuch „Das Echolot", in dem dieser Tausende originale Lebensdokumente aus der Kriegszeit gesammelt und unbearbeitet publiziert habe. Geiger hingegen habe die schriftlichen Nachlässe der Zeitzeugen stark nachbearbeitet, zum Teil sogar erfunden. Das sei aber keine Schwäche des Romans, den Radisch vielmehr für eine „geniale Authentizitätsfiktion"[3] hält. Der Leser bzw. die Leserin glaube den Figuren des Autors, der sich aus seinem Werk als Erzählstimme scheinbar zurückziehe, völlig. Besonders hebt die Kritikerin Geigers Protagonisten Veit Kolbe hervor, den sie selbst für einen Dichter hält. Die

Besonderheiten
in der
Sprache Kolbes

Sprache Kolbes wirke so „neusachlich und unprätentiös"[4][5], seine Prosa sei derart entschlackt und ohne jeden Schwulst, als habe er in Wien ein Schreibseminar für angehende Dichter besucht. Die glaubwürdige Sprache Veit Kolbes sorge dafür, dass sich der Leser bzw. die Leserin den Gedanken der Hauptfigur „widerstandslos"[6] überlasse. So verschwinde der historische Sicherheitsabstand, der den heutigen Leser bzw. die heutige Leserin in der Regel von der ersten Hälfte des 20. Jahrhunderts trenne, um eine Antwort auf die interessante Frage zu bekommen, wie unsere

Kritikpunkt:
Aussparung des
abgrundtief
Bösen

Eltern und Großeltern das Grauen des Krieges haben aushalten können. Als einzigen Schwachpunkt der „eindrucksvoll historisierenden Stimmenimitation"[7] erkennt die Lite-

---

[1] www.zeit.de/2018/03/unter-der-drachenwand-von-arno-geiger (10.08.2020)
[2] kollektiv: gemeinschaftlich
[3] Vgl. www.zeit.de/2018/03/unter-der-drachenwand-arno-geiger (10.08.2020)
[4] unprätentiös: bescheiden, leise und unauffällig
[5] www.zeit.de/2018/03/unter-der-drachenwand-arno-geiger (10.08.2020)
[6] Ebd.
[7] Ebd.

raturkritikerin die offenkundige Treuherzigkeit des kriegs-beschädigten Erzählpersonals. Geigers Figuren seien alle gegen die NS-Ideologie und den totalitären Führerkult im-mun. Der Autor verzichte auf die deutlich komplexere Auf-gabe, die Innenansicht der Täter zu porträtieren: „Die Bö-sen, die Mitläufer, die Nazis, haben nur kurze Gastauftritte. Nie sieht man ihnen ins dunkle Herz." Geigers Figurenarse-nal sei letztlich nur eine „supersympathische, schreibende Antifa-Truppe"[1], die jederzeit wisse, wie unmenschlich und verbrecherisch das NS-Regime sei. Für romanentschei-dend hält Radisch diesen kleineren Einwand jedoch nicht.

Iris Radisch ...

- lobt die Vergegenwärtigung vergangener Zeiten im Roman.
- findet die Bearbeitung der Tagebücher durch A. Geiger richtig.
- lobt die einfache, klare Sprache des Autors.
- kritisiert die Aussparung des absolut Bösen.

Rezension von Judith von Sternburg

Die Journalistin Judith von Sternburg rezensiert den Ro-man in der Tageszeitung „Frankfurter Rundschau". Sie hält den Roman „Unter der Drachenwand" für einen weiteren Beweis, dass Arno Geiger ein „Meister der Aneignung und der unsentimentalen Empathie" sei.[2] Der Leser bzw. die Le-serin könne gar nicht anders, als sich der Anziehungskraft der Romanfiguren hinzugeben, die der österreichische Dichter nicht auf der gesellschaftlichen Bühne, sondern im unspektakulären, aber existenziellen privaten Raum prä-sentiere. Sie deutet Veit Kolbes Bemühungen als Kampf des einzelnen Menschen um ein privates Leben fernab totalitä-rer Ansprüche der Politik, für die man mit der Figur des Bra-

Empathische Anziehungskraft der Figuren

Kampf um ein eigenes, privates kleines Leben

---

[1] www.zeit.de/2018/03/unter-der-drachenwand-arno-geiger (10.08.2020)
[2] www.fr.de/kultur/literatur/muss-sich-damals-angefuehlt-haben-11038671.html (10.08.2020)

silianers nur „Verachtung" übrig haben könne.[1] Nicht nur Veit Kolbe wolle „mit dem ganzen Scheiß nichts mehr zu tun" haben und seinen privaten Raum sichern, Gleiches gelte auch für die 13-jährige Nanni, die am Mondsee in einem Mädchenausbildungslager gedrillt wird und der die „rührende Romeo-und-Julia-Liebe"[2] zum wenige Jahre älteren Kurt von der Mutter und der Erzieherin gnadenlos ausgetrieben werden soll. Die Figuren versuchten, sich in unverfänglicher Distanz zum Krieg zu halten, was ihnen jedoch nicht gelinge. Judith von Sternburg identifiziert vor allem zwei große Romanthemen: Zum einen zeige „Unter der Drachenwand" das fundamental Tödliche, die Sinnlosigkeit und das Verrohende des Krieges, der alle Errungenschaften der Zivilisation zurücklasse. Dies zeige er nicht wie der klassische Antikriegsroman, indem er die kriegerisch-militärischen Handlungen an der Front beschreibe, sondern anhand der „schrecklichen Alten, die daheim in den noch unzerbombten Städten schwadronieren[3] und der Jugend doch alles eingebrockt haben"[4]. Zum anderen zeige Geiger in seinem Roman, worin der Ausweg für den von Zerstörung bedrohten Menschen liege: In der Liebe, die sowohl Oskar Meyer als auch Veit Kolbe kenne. Die Liebe sei das große Geheimnis und die große Schönheit im Kern des Romans.

Zwei große Themen:
• Sinnlosigkeit des Krieges

• Ausweg aus der Krise: Liebe zu den Mitmenschen

Judith von Sternburg ...

- betont die Anziehungskraft der sympathischen Romanfiguren.
- hält die Sinnlosigkeit des Krieges und den Ausweg für den Menschen (Liebe) für zwei große Themen des Textes.
- lobt, wie klar Geiger die Unmenschlichkeit des Krieges zeigt.
- sieht in der Liebe einen Ausweg aus der Zerstörung des Krieges.

---

[1] www.fr.de/kultur/literatur/muss-sich-damals-angefuehlt-haben-11038671.html (10.08.2020)
[2] Ebd.
[3] schwadronieren: schwätzen, unnütz daherreden
[4] www.fr.de/kultur/literatur/muss-sich-damals-angefuehlt-haben-11038671.html (10.08.2020)

Rezension von Paul Jandl

Der Rezensent Paul Jandl bespricht den Text Arno Geigers in der Tageszeitung „Neue Zürcher Zeitung". Für ihn besteht die Kernbotschaft des Romans darin, dass es dem Menschen in Kriegszeiten darum gehen müsse, in den „Winzigkeiten des Lebens" einen „Rest an Menschlichkeit" zu bewahren.[1] Der Dichter wage sich mit seinem Roman in einen „Themenkreis der Hölle"[2] und stelle mit Veit Kolbe eine literarische Figur vor, der es trotz der Kriegswirren am Ende gelinge, zuversichtlich in seine Zukunft zu blicken, seine Angst zu überwinden und Perspektiven für ein eigenes, privates Leben fernab politischer Ansprüche zu entwickeln. Für bemerkenswert hält er dabei das Talent Arno Geigers, „menschliche Eigenschaften in abstrakte Größen zu verwandeln. So bringt er sich in empathische Distanz zu den Figuren, in der die Guten ganz unverdächtig sind, aber die Schlechten auch nicht ganz schlecht aussehen"[3]. Es sei leicht, Veit Kolbe zu mögen, aber schwierig, die Quartierfrau zu hassen, die nur auf den ersten Blick ein umtriebiges „Monster des Missmuts und der Bosheit"[4] sei. Da ihr Mann sie vergöttere, müsse selbst sie liebenswerte Eigenschaften aufweisen. Diese Einsicht vermittle Arno Geiger seinem Leser bzw. seiner Leserin ohne jeden Zeigefinger, ohne Pädagogik oder Belehrung.

Kernbotschaft: Humanität in Winzigkeiten des Alltags bewahren

Geigers Empathie zu allen Figuren seines Romans

Ohne jeden Zeigefinger, Pädagogik oder Belehrung

Paul Jandl ...

- sieht in der Suche nach Menschlichkeit die Kernbotschaft des Romans.
- lobt Geigers Empathie und Mitgefühl für alle Romanfiguren.
- hebt Geigers Verzicht auf Pädagogik und Belehrung hervor.

---

[1] www.nzz.ch/feuilleton/von-der-geschaeftstuechtigkeit-der-firma-blut-und-boden-ld.1344758 (10.08.2020)
[2] Ebd.
[3] Ebd.
[4] Ebd.

Rezension von Andreas Platthaus

Der Literaturkritiker der „Frankfurter Allgemeinen Zeitung", Andreas Platthaus, hält „Unter der Drachenwand" für einen meisterlichen Roman Arno Geigers. Er zeige auf formal originelle Weise das „erschreckende Nebeneinander der Gesellschaft" sowie den Beharrungswillen des einzelnen Menschen.[1] Platthaus betont die symbolische Bedeutung der Drachenwand, die Geigers Erzähler Veit Kolbe immer wieder erwähne. In Abhängigkeit von der jeweiligen Lebenssituation Kolbes wirke die mächtige Felswand mal einschüchternd-bedrohlich, dann aber auch wiederum beschützend vor dem Geschrei des Krieges. Für beeindruckend hält Platthaus die Methode Veit Kolbes, mit welcher dieser seinen persönlichen Versehrungen, seinen Kriegsverletzungen und dem großen Ganzen, der Gesellschaft, begegnet: „Er schweigt, um nicht aufzufallen, schaut aber umso genauer hin."[2] Veit Kolbe zeichne sich durch eine ausgeprägte Verschlossenheit aus, die aber zugleich die Voraussetzung für den sezierenden Blick auf den ihn umgebenden Mikrokosmos aus „Verblendeten und Verzweifelnden"[3] sei. Dabei fühlt sich der Rezensent an den Autor Arno Schmidt erinnert, der mit Arno Geiger nicht nur den Vornamen und das Thema gemeinsam habe, sondern auch den typografischen Effekt des Schrägstrichs, der sich durch den gesamten Roman ziehe. Diese Reminiszenz oder auch subtile Hommage an den großen Autor Arno Schmidt (1924 – 1979) habe im Roman „Unter der Drachenwand" vor allem die rhetorische Funktion, den Text zu rhythmisieren. Platthaus hält das Ende des Romans für einen „Geniestreich"[4]. Denn indem sich

Symbol der Drachenwand: Warnung und Schutz zugleich

Erinnerung an Arno Schmidt

Funktion des Schrägstrichs

Romanende: Geniestreich

---

[1] www.faz.net/aktuell/feuilleton/buecher/rezensionen/belletristik/arno-geigers-meisterlicher-roman-unter-der-drachenwand-15381048.html (Abruf: 10.08.2020)

[2] Ebd.

[3] Ebd.

[4] Ebd.

urplötzlich ein dem Leser bzw. der Leserin bis dato unbekannter Herausgeber im letzten Buchkapitel zu Wort melde und über das weitere Leben der Romanfiguren jenseits des Erzählten biografisch genau berichte, stelle sich der Leser bzw. die Leserin die Frage, ob das Geschehen „am Ende tatsächlich wahr"[1] sei. Geiger gelinge es mit diesem Schachzug, die „Grenzen zwischen Fiktion und […] realer Quellenbasis" subtil[2] zu verwischen, sodass der Leser bzw. die Leserin nach Beendigung der Lektüre in eine „unsichere Geborgenheit" versetzt werde.[3]

Andreas Platthaus ...

- hebt den Beharrungswillen des Einzelnen hervor.
- sieht in der Drachenwand symbolisch Warnung und Schutz.
- lobt die analytische Kraft des Romans, Kontexte zu begreifen.
- hebt besondere Funktion des Schrägstrichs hervor.
- hält das Ende des Romans für einen Geniestreich.

Rezension von Meike Fessmann

Für die Tageszeitung „Süddeutsche Zeitung" rezensiert Meike Fessmann den Roman „Unter der Drachenwand". Sie hält Arno Geigers Protagonisten, den 24-jährigen, fronterfahrenen Soldaten Veit Kolbe, für gut geeignet, dem Leser bzw. der Leserin die Absurditäten und Inhumanitäten des Krieges vor Augen zu führen. Gerade die jungen Erwachsenenjahre, in denen sich Kolbe befinde und in denen sich „erste Lebensentscheidungen mit Unsicherheit paaren"[4],

---

[1] www.faz.net/aktuell/feuilleton/buecher/rezensionen/belletristik/ arno-geigers-meisterlicher-roman-unter-der-drachenwand-15381048.html (10.08.2020)

[2] subtil: mit viel Feingefühl, kaum merklich

[3] www.faz.net/aktuell/feuilleton/buecher/rezensionen/belletristik/ arno-geigers-meisterlicher-roman-unter-der-drachenwand-15381048.html (10.08.2020)

[4] www.sueddeutsche.de/kultur/arno-geiger-drachenwand-buchkritik-1.3817997 (10.08.2020)

würden von Arno Geiger zurecht geschätzt. Der Täter, der zugleich auch ein Opfer des Krieges ist, profitiere in seinem Genesungsprozess sowohl vom Schreiben als auch von der ruhigen und ernsthaften Liebe zu seiner Wandgenossin, mit der er auch nach dem Krieg zusammenbleiben möchte. Seine Spannung beziehe der Roman aus der Lebenssituation eines jungen Mannes an der „Hintertür des Krieges"[1], der nicht weiß, ob und wie das Leben weitergeht. Für Fessmann kommt der Roman „ein wenig zottelig" daher, womit sie die vermeintliche Unordnung der verschiedenen Erzählstimmen anspricht. Doch dieser erste Eindruck täusche, denn der Roman „Unter der Drachenwand" verstecke seine Kunstmittel. Geigers Roman packe den Leser bzw. die Leserin wegen seiner Beschränkung auf die „Gegenstände und den Erlebnishorizont der Zeit"[2]. Der Dichter verzichte auf jede Form des Geschehens durch die Nachgeborenen. Dieser Kunstgriff des intimen, nachdenklichen Tonfalls sorge für eine ausgeprägte „Nähe des Erlebens"[3], die man sonst nur aus Tagebüchern und Briefen kenne. Indem der österreichische Dichter seinen ausgedachten Romanfiguren in einer Nachbemerkung eines Herausgebers eine scheinbar reale Biografie verleihe, würde dieser authentisch wirkende Effekt noch einmal verstärkt. Am Ende stehe die Botschaft, dass das erfundene Leben nachweist, was sonst nur die Archive erzählen: „[…] dass der Krieg nur aus der Ferne eine interessante Angelegenheit ist, aus der Nähe aber aus Schmutz, Angst und Tod besteht."[4]

Vorteile des jungen Erwachsenenalters – Absurditäten und Intimitäten des Krieges vor Augen führen

Zukunft Veit Kolbes als Spannungselement

Trick: Beschränkung auf Gegenstände der Zeit – Kunstgriff des intimen, nachdenklichen Tonfalls

Nachbemerkung des Herausgebers steigert Glaubwürdigkeit

---

[1] www.sueddeutsche.de/kultur/arno-geiger-drachenwand-buchkritik-1.3817997 (20.08.2020)
[2] Ebd.
[3] Ebd.
[4] Ebd.

Meike Fessmann ...

- lobt den Roman für seine Darstellung des Absurden im Krieg.
- hält die Offenheit, wie es mit Kolbe weitergeht, für spannend.
- hebt den intimen Tonfall und die Nähe zum Geschehen hervor.
- betont die Glaubwürdigkeit des Erzählten durch das Romanende.

Leitmotive

Der Roman „Unter der Drachenwand" erzählt insbesondere die Entwicklung des jungen Wehrmachtssoldaten Veit Kolbe. Seine Tagebuchaufzeichnungen und Briefe nehmen einen Großteil des Romans ein. Zugleich wird die Darstellung des Ich-Erzählers Kolbe drei Mal dreifach durchbrochen. Die Erlebnisschilderungen weiterer Kriegsteilnehmer – Margots Mutter aus Darmstadt, Nanni Schallers Freund Kurti aus Wien sowie der jüdische Zahntechniker Oskar Meyer aus Wien und Budapest – ergänzen die Hauptstimme Veit Kolbes im Kontext von Hoffnung und Horror. Mit den Berichten dieser drei Figuren korrigiert der Autor die nur auf den ersten Blick heile Welt am Mondsee. Geiger „möchte immer ein dreidimensionales Bild von der Welt bekommen, und der Blick aus nur einem Fenster, den finde ich nicht so spannend wie den Blick aus sehr unterschiedlichen Fenstern. Und dann kommen so perspektivische Brechungen auch, manches relativiert das andere"[1]. Durch diesen Blick aus verschiedenen „Fenstern" holt der Dichter die große, grauenhafte Welt in das vermeintliche Idyll unter der Drachenwand, indem er weitere Zeugen des Grauens auftreten lässt, die die menschliche Dimension des Lebens im Krieg nachvollziehbar machen sollen. Alle Erzählstimmen versuchen, die unmenschliche Barbarei des

---

[1] www.deutschlandfunkkultur.de/arno-geiger-ueber-seinen-roman-unter-der-drachenwand-jede.1270.de.html?dram:article_id=407604 (20.08.2020)

Krieges seelisch zu verarbeiten. Die Drachenwand als vom sympathischen Drückeberger Veit Kolbe herbeigesehnte Trennwand zwischen ihm und dem Grauen des Krieges funktioniert also nur noch eingeschränkt. Die Fäden dieser Figuren, welche die Unwissenheit über die Dauer des Krieges bzw. die Aussichtslosigkeit des eigenen Lebens eint, führt Arno Geiger nur locker zusammen. Fixpunkt ist dabei sein junger Protagonist, der sogar dem Holocaust-Opfer Oskar Meyer kurz begegnen wird, allerdings ohne dies zu wissen. In der Regel sind die vier Stimmen dieses Romans gut voneinander zu unterscheiden, nur zu Beginn sorgen sie beim Leser bzw. bei der Leserin für eine kurze Desorientierung. Wer gerade an wen schreibt, kann der Leser bzw. die Leserin zumeist aus den Aufzeichnungen Veit Kolbes erschließen. Ergänzend bedient sich der routinierte Autor Arno Geiger klassischer erzähltechnischer Werkzeuge, um die verschiedenen Erzählstränge miteinander zu verbinden. Es sind einige Ketten von sich wiederholenden Motiven wie das der Drachenwand, des Gewächshauses, der dünnen Wände, der Geräusche und Gerüche, der Tiere oder der Erinnerung an das Sterben der Schwester Hilde, die an prägnanten Stellen des Romans immer wieder auftauchen und ihn auf diese kaum merkliche Weise thematisch binden. Wer zu Beginn der Lektüre die Zusammenhänge nicht ganz versteht, kann im Verlauf des Romans die motivischen Verbindungen immer besser nachvollziehen.

Im Detail sind vor allem folgende Leitmotive mit symbolischer Bedeutung zu nennen:

Funktion der Leitmotive: Verbindung der verschiedenen Erzählstränge

Leitmotiv Drachenwand

a) Die Symbolik der **Drachenwand** ist ambivalent. Einerseits bietet sie als Ort des Rückzugs Veit Kolbe Schutz vor dem gewaltsamen Kriegsgeschehen, Kolbe kann sich hier dem Grauen für eine Weile entziehen (vgl. S. 78). Andererseits ist die Drachenwand auch ein Ort der Bedrohung, Einschüchterung und Gleichgültigkeit. Sie bringt Nanni Schaller den Tod (vgl. S. 32, 165, 475).

b) Die Symbolik des **Gewächshauses**: Das Gewächshaus fungiert als Ort der Sehnsucht, es wird von seinem Besitzer „Klein Brasilien" (S. 302) genannt und strahlt etwas ganz Anderes, Exotisches aus. Für Margot und Veit ist es zugleich ein Ort der Liebe und Geborgenheit, hier leben sie ihren Alltag. Als Ort der Produktion (= Ernte von Gemüse) steht es im Gegensatz zur Kriegsfront als Ort der Zerstörung.

Leitmotiv Gewächshaus

c) **Hildes Sterben:** Immer wieder taucht bei Veit Kolbe die Erinnerung an seine früh verstorbene Schwester auf, er denkt dann an verpasste Lebenschancen (vgl. S. 24); Hildes Sterben steht für die Sinnlosigkeit des Todes (vgl. S. 25), die Trauer (vgl. S. 219) und fungiert als Vorbote des Todes (vgl. S. 431 ff.).

Leitmotiv Hildes Sterben

d) **Gerüche** dienen als Ausdruck von Tod, Bedrohung und Gefahr, z. B. eitrige Wunden als „Essenz von Krieg" (S. 10), Kolbes stinkende Oberschenkelverletzung als Vorbote des Todes (vgl. S. 14). Der modrige Geruch in Kolbes Wohnung fungiert als Warnung vor der bösartigen Vermieterin (vgl. S. 49).

Leitmotiv Gerüche

e) **Geräusche** warnen im Roman vor kommenden Gefahren, z. B. als innere Stimmen (vgl. S. 12), als Klang der Zähne (vgl. S. 14), als plötzliches Scheppern (vgl. S. 33), als Knattern und Krachen (vgl. S. 80), als beständiger Lärm in der Luft (vgl. S. 233) und als fürchterliches Getöse (vgl. S. 277).

Leitmotiv Geräusche

f) **Tiere** reflektieren durch ihr Leben und Sterben wie ein Seismograf das innere und äußere Handlungsgeschehen, z. B. das Wild (vgl. S. 58), der Vogel in Sensenform (vgl. S. 142), die geprügelte Hündin (vgl. S. 176 + 214), die Mäuseplage (vgl. S. 237) sowie das tote Reh (vgl. S. 281).

Leitmotiv Tiere

Besonderheiten der Erzähltechnik

Erzählform

Erzähl-
perspektive

Mit Blick auf die **Erzählform** handelt es sich um eine klassische **Ich-Erzählung**: Der Erzähler tritt schon mit dem ersten Satz selbst in Erscheinung, spricht von sich und verwendet das Personalpronomen der 1. Person Singular. **Erzählperspektivisch** liegen beide Formen vor, die **Außensicht** und die **Innensicht**. Von der Außensicht spricht man, wenn der Erzähler sich auf das beschränkt, was er von außen wahrnehmen kann: „Unter meinem rechten Schlüsselbein lief das Blut in leuchtenden Bächen heraus, ich schaute hin, und es wälzte mein Blut jetzt nicht mehr in meinem Körper im Kreis, sondern pumpte es aus mir heraus, bum, bum." (S. 7) Sieht der Erzähler in die Innenwelt der Figur hinein und beschreibt er die Wahrnehmungen, Gefühle und Gedanken, dann erzählt er aus der Innensicht: „Das unbeschreibliche, mit nichts zu vergleichende Gefühl, das man empfindet, wenn man überlebt hat. Als Kind der Gedanke: Wenn ich groß bin. Heute der Gedanke: Wenn ich es überlebe./Was kann es Besseres geben, als am Leben zu bleiben?" (Ebd.) Da allein die Sicht des Ich-Erzählers zum Geschehen mitgeteilt wird, liegt

Erzählverhalten

Erzählhaltung

ein **personales Erzählverhalten** vor, sodass der Leser bzw. die Leserin das Geschehen sowie die Wahrnehmungen und Gedanken der Figuren scheinbar unmittelbar aus dessen Sicht erlebt. Der Begriff der **Erzählhaltung** beschreibt, wie der Erzähler dem von ihm erzählten Geschehen oder den von ihm dargestellten Figuren gegenübersteht. In diesem Fall geht es darum, wie der Ich-Erzähler Veit Kolbe seine aktuelle Situation einschätzt. Da er dem Tode nach eigener Wahrnehmung noch einmal von der Schippe gesprungen ist und er dies als **positiv** einschätzt, kann man die Erzählhaltung als positiv, wenn nicht sogar **euphorisch** kennzeichnen: „Das unbeschreibliche, mit nichts zu vergleichende Gefühl, das man empfindet, wenn man überlebt hat." (Ebd.)

Darbietungs-
formen

Als **Darbietungsform** nutzt Geiger sowohl den **Erzählerbe-**

richt als auch den **inneren Monolog**. Im ersten Fall beschreibt, berichtet oder kommentiert der Ich-Erzähler das Geschehen und diese Passagen sind auch als Äußerungen des Ich-Erzählers erkennbar: „So hatte mich der Krieg auch diesmal zur Seite geschleudert." (Ebd.) Im zweiten Fall wird durch den Einsatz des inneren Monologs der Eindruck großer Unmittelbarkeit erweckt. Ohne Anführungszeichen wird er in der 1. Person Singular Präsens im Indikativ angeboten. Auf diese Weise gibt er unmittelbar die Überlegungen der Figur wieder: „Was kann es Besseres geben, als am Leben zu bleiben?" (Ebd.)

Insgesamt liegt eine ausgesprochen **subjektive Form des Erzählens** vor, die den Eindruck großer Unmittelbarkeit, Präsenz und Nähe zum Geschehen ermöglicht. So meint Arno Geiger selbst: „Ich wollte den Roman ja nicht retrospektiv erzählen, aus Sicht von heute, sondern ich wollte in die Figuren hineingehen, so als Kosmonaut des Innenraums […] und habe mich dazu entschieden, dieses unmittelbare Erzählen den Figuren zuzuspielen, dass sie das erzählen, im Moment, wie es ihnen geht, wie sie das erleben."[1] Für das Schreiben Arno Geigers gilt daher Dirk Knipphals Einschätzung: „Einmal ist von der harten ,Kriegshaut' die Rede, die Veit Kolbe erst verlieren muss. Arno Geiger schreibt ohne eine solche Kriegshaut. Manchmal stockt einem beim Lesen auch der Atem, so nah kommt man beim Lesen an die Figuren."[2] Der historische Sicherheitsabstand, über den der Leser bzw. die Leserin des 21. Jahrhunderts bei seiner bzw. ihrer Lektüre über menschliche Schicksale im Zweiten Weltkrieg gewöhnlich verfügt, wird durch Geigers Form des Erzählens minimiert.

Subjektive Form des Erzählens

---

[1] www.deutschlandfunkkultur.de/arno-geiger-ueber-seinen-roman-unter-der-drachenwand-jede.1270.de.html?dram:article_id=407604 (10.08.2020)
[2] https://taz.de/Arno-Geigers-Unter-der-Drachenwand/!5490099/ (10.08.2020)

Der Roman „Unter der Drachenwand" in der Schule

Der Blick auf die Figuren: Die Personencharakterisierung

Um einen Erzähltext verstehen zu können, ist es sinnvoll, sich ein möglichst genaues Bild von den Handlungsträgern – den Figuren eines Romans, einer Erzählung oder einer Novelle – zu machen. Diese in der Schule häufig eingeforderte Textsorte bezeichnet man als Charakterisierung. Dabei liegt die Herkunft des Wortes „Charakter" im Griechischen, es meint so viel wie „eingekerbtes Zeichen, Wesen, Eigentümlichkeit". Spricht man folglich vom Charakter eines Menschen, meint man sein Äußeres sowie die Gesamtheit seiner Erfahrungen, unverwechselbaren und einzigartigen Eigenschaften und Verhaltensweisen, welche die Grundlage seines Denkens, Fühlens und Handelns darstellen. Die Charakterisierung einer literarischen Figur kann auf zwei Arten erfolgen: zum einen direkt durch die Selbstaussagen der Figur, sie kann zum anderen auch durch die Aussagen anderer Figuren oder die des Erzählers erfolgen. In diesem Fall sollte der Interpret sehr sorgfältig vorgehen, da die Aussagen anderer Figuren über den Protagonisten nicht immer sachlich zutreffend sein müssen, sondern häufig tendenziell und mit einer ganz bestimmten Absicht formuliert sind. Als indirekte Charakterisierung bezeichnet man diejenigen Aspekte, welche der Leser bzw. die Leserin aus dem Verhalten der Figur erschließt. Auch hier sollte sich der Interpret darüber im Klaren sein, dass seine Einschätzung der Figur eine Deutung darstellt, die der Überprüfung mittels sinnvoller, funktionaler Textbelege bedarf.

Eine literarische Figur charakterisieren – Tipps und Techniken

Beim Verfassen einer schriftlichen Charakterisierung einer literarischen Figur ist folgendes Vorgehen empfehlenswert:

1. Einleitung

Informieren Sie darüber, um welchen Text bzw. welche literarische Figur es geht. Nennen Sie hierfür den Autor/ die Autorin, Titel und die Textsorte (Roman, Erzählung, Drama, Novelle, Kurzgeschichte, o. Ä.). Welche Funktion hat die Figur im Ganzen? Am Ende erfolgt ein Absatz.

2. Hauptteil

Dies ist der Kern Ihrer Charakterisierung. Gehen Sie dabei systematisch vor und beachten Sie die folgenden Leitfragen. Dabei legen Sie eigenständig Schwerpunkte fest. Es liegt auf der Hand, dass nicht sämtliche der hier aufgeführten Fragen gleichermaßen wichtig sein können.

a) sozialer Status und persönliche Informationen

- Was ist über Name, Geschlecht, Alter und Beruf der Figur bekannt?
- Gibt es auffällige äußere Merkmale (Aussehen, Kleidung, unverwechselbare äußere Merkmale)?
- In welchen Lebensverhältnissen (sozioökonomisches Umfeld) lebt die Figur?
- Gibt es Informationen zur Vorgeschichte, Biografie oder Herkunft der Figur?

b) zentrale Charaktereigenschaften

- Welche typischen Verhaltensweisen, Eigenarten und Gewohnheiten sind erkennbar?
- Welches sind die bedeutendsten Charakterzüge bzw. Wesensmerkmale der Figur?
- Welches Bild hat die Figur von sich selbst (Selbstbewusstsein, Arroganz, geringes Selbstwertgefühl …)?

- Über welches Weltbild und welche inneren Einstellungen verfügt die Figur?
- Gibt es im Laufe der Handlung eine Entwicklung der Figur, verändert sie sich?
- Wie stellt sich das Verhältnis und die Beziehung zu anderen Figuren dar?
- Auf welche Art und Weise wird die Figur von ihrer sozialen Umgebung wahrgenommen?
- Welche Umstände prägen ihr Dasein, was ist besonders prägend?

c) Sprachgebrauch und Sprachverhalten

- Was ist allgemein am Sprachgebrauch der Figur auffällig, wie lässt sich dieser beschreiben?
- Gibt es auf Satz- und Wortebene (Syntax, Wortwahl) Besonderheiten (z. B. Satzabbrüche, viele Ausrufe, unvollständige Satzkonstruktionen o. Ä.)?
- Wie verhält sich die Figur in den Gesprächen mit ihren Mitmenschen? Geht sie auf andere zu, macht sie Gesprächsangebote und setzt Impulse oder aber ist sie ein eher passiver und zurückhaltender Gesprächspartner/eine eher passive und zurückhaltende Gesprächspartnerin?

3. Schlussteil: Zusammenfassende Bewertung

Im Schlussteil, der vom Hauptteil mit einem Absatz abgegrenzt werden sollte, erfolgt eine Zusammenfassung der Ergebnisse. Dabei können Sie sich an folgenden Leitfragen orientieren:

- Welche Gesamtdeutung der Figur ergibt sich aus den im Hauptteil diskutierten Erkenntnissen? Wie ist die Figur im Romankontext zu bewerten?
- Was soll durch die Installation dieser Figur beim Leser/der Leserin erreicht werden? Welche Funktion kommt der Figur zu?

- Handelt es sich bei der Figur um einen einzigartigen Charakter oder bloß um einen Typus?
- Inwieweit sind die Charaktermerkmale gesellschaftlich bedingt?

Im Folgenden werden Ihnen einige ausgewählte, kurze und z. T. absichtlich verknappte Charakterisierungen zu den zentralen Figuren aus Arno Geigers Roman „Unter der Drachenwand" vorgestellt. Sie dienen vor allem unerfahrenen Schreibern zu einer ersten Orientierung. Dabei erfüllen sie keinesfalls einen Anspruch auf Vollständigkeit, sondern sollen als Impuls für die eigene Weiterarbeit verstanden werden.

Veit Kolbe – Die Hauptfigur des Romans

Veit Kolbe ist die Hauptfigur des 2018 erschienenen Romans „Unter der Drachenwand" von Arno Geiger. Aus seiner Sicht wird ein Großteil des Handlungsgeschehens erzählt. Auch wenn es zahlreiche weitere Figuren und Erzählstimmen im Roman gibt, kann er doch als dominierende Figur des Romans beschrieben werden, da seine Ausführungen über 70 Prozent des Textkorpus ausmachen. 1. Einleitung

Arno Geigers Protagonist ist ein 24-jähriger Soldat der Wehrmacht, der nach fünf Jahren ununterbrochenen Kampfes an der Ostfront von Granatsplittern getroffen und so schwer verwundet wird, dass er nicht mehr weiterkämpfen kann. Zur Gesundung und Erholung wird der Rekonvaleszent zurück in seine Heimatstadt Wien geschickt. Dort leben seit jeher seine Eltern, die sich um ihn kümmern wollen. Seine Schwester Hilde ist schon vor Jahren an der Schwindsucht gestorben, ihr früher Tod belastet sowohl Veit als auch den Rest der Familie. Veit Kolbe bedauert es, direkt nach dem Abitur, das er 1938 mit Auszeichnung bestanden hat, zum Militär eingezogen worden zu sein. Er empfindet sich als „abgenagtes Stück Herz" (S. 23) und will 2. Hauptteil
Sozialer Status und persönliche Informationen

Biografie: Vorgeschichte

damit ausdrücken, dass ihm der Krieg mit dem Lebenstraum eines Studiums der Elektrotechnik einen bedeutenden Teil seiner Biografie geraubt hat: „Ich habe so viel Zeit verloren, dass ich sie nicht aufholen kann." (Ebd.) Deutlich wird, dass Kolbe den Krieg aus eigener Erfahrung ablehnt. Bei seinen Eltern hält Kolbe es aber nicht lange aus. Die andauernden Phrasen der Nationalsozialisten und sinnlosen Durchhalteparolen seines Vaters gehen dem vom Krieg längst desillusionierten jungen Mann derart auf die Nerven, dass er beschließt, seinem Elternhaus den Rücken zu kehren und Zuflucht in dem kleinen Ort Mondsee im österreichischen Salzkammergut zu suchen. Dort wohnt auch sein Onkel Johann, der seinen Neffen am Anfang seiner einjährigen Atempause vom Krieg behilflich ist, indem er ihm ein Zimmer besorgt. Die Vermieterin, die Quartierfrau, ist allerdings bösartig. In der relativen Normalität des Landlebens fasst Kolbe langsam Fuß, doch die „friedlichere Welt" (S. 29) ist bedroht. Denn auch im kleinen Alltag am Mondsee bleiben die Erfahrungen, die er an der Ostfront im Zweiten Weltkrieg gemacht hat, in seinem Kopf präsent. Er wird die inneren Bilder des Krieges nicht los und kämpft gegen seine traumatischen Erfahrungen, die ihn anfangs im Griff haben, an. In regelmäßigen Abständen ereilen ihn aus diesem Grund Panikattacken, die sich in Form starken Zitterns ausdrücken, zudem leidet er als Folge des posttraumatischen Belastungssyndroms, wie seine Erkrankung wohl heute medizinisch korrekt bezeichnet werden würde, an Atemnot. Hier zeigt sich seine anfängliche Ohnmacht gegenüber den eigenen Angstgefühlen, die ihn beherrschen. Kolbe fehlt es anfangs also an Autonomie.

Obwohl er nichts gegen die scheinbar willkürlich auftretenden Angstanfälle tun kann, ist der Ich-Erzähler Kolbe bereits in der Lage, sie zu beschreiben: „Bruchstücke der Vergangenheit fielen auf mich herunter und begruben mich, es war, als müsse ich ersticken./Als ich wieder zu mir kam,

Marginalien:

Kriegsmüdigkeit

Soziales Umfeld und Lebensverhältnisse: Beziehung zu den Eltern

Körperlicher und seelischer Zustand

Medizinische Diagnose

Mangel an Autonomie

rang ich um Atem. Mit wildem Herzklopfen setzte ich mich aufs Bett. War das ein Anfall?" (S. 39) Um Herr seiner Ängste zu werden, nimmt Kolbe die Nazi-Wunderdroge Pervitin zu sich, die im Zweiten Weltkrieg von Tausenden deutscher Soldaten konsumiert wurde. Hinter dem unter den Frontsoldaten weitverbreiteten Muntermacher verbirgt sich die Droge Metamphetamin, heute auch bekannt als Crystal Meth. Kolbes hauptsächliche Freizeitbeschäftigung besteht aus langen Spaziergängen in der Natur. Deutlich wird daran Kolbes Wunsch, der „kranken" Gesellschaft zu entkommen und in der unverfälschten Natur zu sein. In der Natur kann Kolbe er selbst sein, anders als in der Gesellschaft muss er keine Rolle spielen und sich an ein strenges, soldatisches Skript halten. Ansonsten schreibt er viele Stunden in seinem Tagebuch. Diese Form der Erinnerung an die Geschehnisse der letzten fünf Jahre hilft ihm bei deren Verarbeitung. Kolbe merkt selbst, dass ihm das Aufschreiben und Erzählen hilft, da er auf diese Weise über etwas verfügt, „über das ich selbst bestimmte" (S. 40). Es tut ihm gut, „wieder unter normale Menschen" (S. 42) zu kommen und „diesen Ort zu haben, den ich mit niemanden teilen musste außer mit Mäusen" (S. 49). Nach einer Weile bessert sich Kolbes Zustand und er „spürte, dass ich wieder zum Leben erwachte" (S. 50), weil es ihm gelingt, die in den letzten fünf Jahren alles dominierende Vernichtungsmaschinerie des Krieges zurückzudrängen und ein ziviles bürgerliches Leben zu führen: „Bei mir ist alles Krieg, ich muss mir das abgewöhnen." (S. 51) Immer klarer wird dem nachdenklichen jungen Mann, dass er – auch als Wehrmachtssoldat und damit zuerst als Täter – zugleich ein Opfer des Krieges ist, dem seine Lebensträume gestohlen wurden: „Das gute Ansehen des Krieges beruht auf Irrtum." (S. 81) Als es Kolbe nicht gelingt, mit der Lehrerin des Mädchenlagers Schwarzindien näher in Kontakt zu kommen, freundet er sich mit der jungen Darmstädter Mutter Margot an, die

Marginalien:

Liebe zur Natur und Ferne zur Gesellschaft

Veränderung: das Schreiben hilft

Weltbild und innere Einstellungen

Beziehung zu anderen Figuren

direkt neben ihm wohnt. Weil die Zimmerwände so dünn sind, hört er sie nachts weinen und mit ihrem Baby sprechen. Zwischen den beiden Menschen entwickelt sich langsam eine Liebesbeziehung. Diese verändert Kolbes Denken, er empfindet plötzlich ein „zuvor nicht gekannte[s] Selbstbewusstsein" (S. 200) und fühlt sich „so jung wie seit sechs Jahren nicht mehr" (S. 203). Immer überzeugter wird der Soldat von der Überlegung, dass es ihm darum gehen muss, sich in „unverfänglicher Distanz zum Krieg zu halten" (S. 220), um nach Kriegsende „in einer besseren Welt" (ebd.) das verpasste Leben nachzuholen. An der langsamen, aber doch stetigen Erholung hat auch die Freundschaft mit dem Brasilianer ihren Anteil. So wird der Bruder der Vermieterin genannt, der als Gärtner in einem Gewächshaus Gemüse und Orchideen anbaut und der eine Zeit lang in Brasilien gelebt hat. Er macht zudem keinen Hehl daraus, dass er dorthin auch wieder zurück möchte, denn er hält das Dritte Reich für einen menschenfeindlichen Ort und Hitler für einen Verbrecher (vgl. S. 136). Kolbe hört nachts die brasilianische Musik seines neuen Freundes, für den er später sogar seinen eigenen Onkel erschießen wird, als dieser kurz vor der Verhaftung des Brasilianers steht. Immer stärker lässt er sich von der offenen Kritik an Führer und NS-Ideologie beeindrucken. Daran kann man erkennen, dass Kolbe lernfähig ist. Der Soldat ist alles andere als ein engstirniger und fanatischer Nationalsozialist, der bereit ist, alles für das nationalsozialistische Deutschland zu tun. Für Kolbe wird klar, dass er sein wertvolles Leben nicht dem Krieg opfern möchte: „Aber ich spürte auf eine neue Weise, dass ich mit dem ganzen Scheiß nichts mehr zu tun haben wollte, ich wollte mein kleines Privatleben führen, wie es in einer besseren Welt selbstverständlich wäre." (S. 313) Kolbe hat sich – wie er in einer Antithese deutlich macht – entschlossen, die „Schönheit des Lebens" der „Sinnlosigkeit des Krieges" (S. 327)

Liebe Margots verändert Veit Kolbe

Freundschaft zum Brasilianer

Entwicklung: Kolbe wird zum offenen Kriegsgegner

Sprachgebrauch und Sprachverhalten: ein Freund offener Worte

vorzuziehen. Metaphorisch deutet er den Krieg als einen „leere[n] Raum, in den schönes Leben hineinverschwand" (ebd.). Weil er sich an diesem totalen „Betrug" (S. 345) nicht weiter beteiligen will, fälscht er sogar ein ärztliches Gutachten, um länger in Mondsee bleiben zu können. Kolbe ist also ein risikobereiter Mensch. Am Ende jedoch – nach einem Jahr unter der Drachenwand – wird er wieder einberufen. Doch Kolbe überlebt die letzten Monate des Krieges und kehrt wohlbehalten wieder zurück. Nach dem Krieg nimmt er ein Studium der Elektrotechnik auf, arbeitet als Ingenieur im Ausland und lebt später mit Margot und seiner Familie in Wien. Erst am dritten Juni 2004 stirbt er.

Auch wenn es neben Veit Kolbe drei weitere Erzählstimmen im Roman „Unter der Drachenwand" gibt, ist er doch dessen Hauptfigur. Seine Tagebuchaufzeichnungen und Briefe nehmen über siebzig Prozent des Textkorpus ein. Es geht vor allem um seine Geschichte. Sie ist erzählenswert, weil sie einerseits deutlich macht, wie menschenfeindlich und zerstörerisch die Macht des Krieges auf den Einzelnen einwirkt. Sie ist aber deshalb bemerkenswert, weil sie deutlich macht, dass es Möglichkeiten für den einzelnen Menschen gibt, sich dem totalen Anspruch der Politik zu widersetzen und darauf zu beharren, ein selbstbestimmtes, autonomes Leben zu führen. Der Roman diskutiert am Beispiel Veit Kolbes auch die Frage, in welchem Verhältnis der Einzelne zum Gesamten stehen sollte und welche Möglichkeiten es für das Individuum gibt, sich den alles vereinnahmenden Ansprüchen (Befehlen) der Gesellschaft und der Politik zu entziehen. Das Glück findet der Einzelne, so die Botschaft des Romans, im Kleinen, in der Familie und im Privaten.

3. Schlussteil
Bewertung
der Figur

Aktualisierung

Botschaft

Margot Neff

1. Einleitung

Sie ist die junge Mutter, die in Mondsee im Nachbarzimmer Veits wohnt und der dieser anfangs kaum echte Beachtung schenkt, weil er mehr mit sich beschäftigt ist. Sie stammt aus dem hessischen Darmstadt, hat eine gegenwärtig in Berlin wohnende Schwester namens Bettine, ihr Vater kämpft im Krieg und ihre Mutter schreibt ihr fürsorglich-strenge Briefe aus ihrer unter alliierten Luftangriffen leidenden Heimatstadt. Margot ist frisch, aber bereits unglücklich verheiratet mit einem Soldaten aus Linz und Mutter eines Säuglings namens Lilo. Es ist offensichtlich, dass sie über wenig Geld verfügt, da sie in Mondsee unter ärmlichen Lebensbedingungen wohnt.

2. Hauptteil

Entwicklung der Figur

Beziehung zu Veit

Zu Beginn der Handlung ist Margot so einsam, dass sie häufig in der Nacht mit ihrem Baby Gespräche führt. Weil die Wände so dünn sind, bekommt der gerührte Veit auch ihr aus Einsamkeit ausgelöstes Weinen mit. Er hilft ihr sogar, in der Nacht ihre Ängste und ihre Einsamkeit zu überwinden (vgl. S. 59). Schließlich will er Margot kennenlernen. Margot und Veit nähern sich langsam an, sie kochen und essen zusammen (vgl. S. 74) und helfen sich im Alltag (vgl. S. 130). Zwischen beiden entwickelt sich eine ruhige, ernsthafte Liebe; während die Welt um sie herum in Flammen aufzugehen droht, reden sich die beiden „den Kummer von der Seele" (S. 150). Natürlich bleiben Margot auch die Panikattacken ihres neuen Freundes nicht unbemerkt und sie versucht, ihm metaphorisch beizubringen, dass die Dauermedikation mit der Droge Pervitin keine echte Lösung darstellt: „Du musst dich ohne Tabletten herauswinden." (S. 461) Sie ist der ruhige Pol, den der vom Krieg verheerte Wehrmachtssoldat benötigt hat, um selbst zur Ruhe zu kommen, und Veit merkt schnell, wie sehr Margots Liebe ihm hilft: „[…] dass ich in meiner Angst nicht mehr allein war, machte es leichter" (S. 468).

Sprachgebrauch und Sprachverhalten

Die Liebe der beiden bleibt nicht unbemerkt. Sowohl Veits Onkel, der Postenkommandant, als auch die bösartige Vermieterin missbilligen die offensichtliche Beziehung Veits zu einer verheirateten Frau, die jedoch die Eheschließung mit ihrem ersten Mann Ludwig für einen Schnellschuss und Fehler hält, den sie zu korrigieren gedenkt.

Beziehung zu anderen Figuren

Es ist die Liebe Margots, die den depressiv-passiven Veit Kolbe zurück in das Leben holt. Sie gibt ihm den notwendigen Halt und sorgt fürsorglich dafür, dass er neue Hoffnung gewinnt. Ihre Leichtigkeit, Unbeschwertheit und Herzlichkeit (vgl. S. 474) wirken positiv auf den ausgelaugten Soldaten, der für ihre Liebe dankbar ist und Margot als wunderbaren und warmherzigen Menschen charakterisiert (ebd.).

Folgen für Veit

Gleiches gilt jedoch auch umgekehrt: Mit dem Auftauchen Veits und dessen Liebe schöpft auch Margot neue Hoffnung auf ein perspektivreiches, erfüllendes Leben nach dem Krieg, dessen Ende bereits absehbar scheint: „Veit, ich bitte dich, tu, was du kannst, damit du zurückkommst. Sonst erwarte ich keine Heldentaten von dir." (S. 423 f.) Nach dem Krieg – so erfahren wir vom Herausgeber – lässt sich die junge Frau von ihrem ersten Mann scheiden und heiratet Veit Kolbe, mit dem sie zwei Kinder bekommt und bis zu dessen Tod zusammenbleibt.

Folgen für Margot

Scheidung und Neubeginn mit Veit

Mit der Figur Margots bekommt das Leben des Protagonisten eine ganz neue Richtung und Orientierung. Es sind ihre Liebe und Fürsorge, die den frustrierten und depressiven Soldaten zu neuem Leben erwachen lassen. Durch ihre Zärtlichkeit und Zuwendung gewinnt der Soldat neuen Lebensmut und -sinn. Er weiß nun, wofür es sich zu überleben lohnt.

3. Schlussteil

Der Brasilianer

Er heißt eigentlich Robert Raimund Perttes, ist „ein hagerer, hakennasiger Mann" (S. 68) und der Bruder der Quar-

1. Einleitung

tierfrau, die Veit Kolbe ein Zimmer vermietet. Er wird von Veit und den Dorfbewohnern in Mondsee als „der Brasilianer" bezeichnet, weil er einige glückliche Jahre in dem südamerikanischen Land verbracht hat.

2. Hauptteil Der alternativ lebende Brasilianer macht keinen Hehl daraus, dass er seine Rückkehr nach Österreich für einen fatalen Fehler hält, den er so bald wie möglich zu korrigieren gedenkt. Perttes träumt von Brasilien und der dort realisierbaren Freiheit, Lebensfreude und Selbstbestimmung: „Reich ist man, wenn man das Glück hat, in Brasilien leben zu dürfen." (S. 69)

Lebensverhältnisse und soziales Umfeld

Familie

Mut

Wegen ihres Nazismus redet der Brasilianer, der sich selbst als Antifaschist, Pazifist und Vegetarier begreift, nicht mehr mit seiner Schwester, die er ebenso verachtet wie deren Ehemann, der im NS-System aufgrund seiner Linientreue schnell Karriere gemacht hat. Mit seinem vom Nationalsozialismus überzeugten Schwager liefert sich der Brasilianer daher offene verbale Gefechte um die Frage, wie der Krieg und seine Folgen zu bewerten seien. In der Dorfgemeinschaft ist Perttes daher auch etwas isoliert, zumal ihm „wegen einer unüberlegten Bemerkung über den F. [= Führer, Anmerkung von T. S.] die Ehrenrechte als Deutscher aberkannt worden waren [...]" (S. 69). So konzentriert er sich auf den Anbau von Gemüse und Orchideen.

Arbeit und Naturnähe

Entwicklung der Figur

Offenheit

Veit Kolbe fällt zu Beginn seiner Bekanntschaft mit dem Brasilianer dessen „Rauheit" und „spröde Distanziertheit" (S. 132) auf; der knorrige Typ beschäftigt sich anfangs eher launig mit „Existenzgrübelei" (S. 172), die sich im Laufe ihrer Beziehung bald verflüchtigt, sodass Kolbe ihn als umgänglichen und offenen Menschen beschreibt (vgl. ebd.).

Beziehung zu anderen Figuren: Veit Kolbe

Wesensmerkmale und Charakterzüge

Zwischen ihm und Veit Kolbe entwickelt sich daher schon bald eine echte Freundschaft. Bei Veits nächtlichen Besuchen im Gewächshaus des Hobby-Gärtners nimmt der militante Vegetarier kein Blatt vor den Mund und spart nicht mit Kritik am menschenfeindlichen Regime Hitler-Deutschlands. Abwertend-metaphorisch spricht er vom National-sozialismus als einer „Firma für Blut und Boden" (S. 136). Mehrfach betont er mittels einiger starker Metaphern, dass ihm angesichts der unerhörten Verbrechen gegen die Menschlichkeit nur die Auswanderung bzw. Flucht bliebe: „Nur weg von diesem Räuber- und Kriegskontinent." (S. 173) Deutschland ist für ihn nur noch ein „auf Grund gelaufenes Sklavenschiff" (S. 297). Von der Musik des Brasilianers wird Veit beim ersten Hören schwindlig. Dessen Liebe zur Musik verdeutlicht die Fähigkeit, sich emotional von Kunst berühren zu lassen. Der Freigeist wird Veits Vertrauter, den dieser immer öfter aufsucht. Er überzeugt Veit, zu seinen humanen Überzeugungen zu stehen, und ist der Grund dafür, dass dieser am Ende seines Aufenthalts in Mondsee aktiv Widerstand leistet. Der Brasilianer ist gutmütig und unangepasst, er pflegt sein Gewächshaus, das als kleines Utopia fungiert, und handelt in Mondsee mit Orchideen; völlig nutzlos und nur schön züchtet er Orchideen.

Der Brasilianer fühlt sich keiner Gruppe oder Ideologie verpflichtet, sondern plädiert für einen natürlichen Individualismus. Das bringt ihn schließlich ins Gefängnis. Aus diesem zurückgekehrt, muss er schon bald aus Angst vor weiterer Drangsalierung und Verhaftung fliehen, wobei Veit ihm hilft. 1948 wandert er nach Brasilien aus.

Die Figur des Brasilianers fungiert im Roman „Unter der Drachenwand" als Utopie zu all den Grausamkeiten und Unmenschlichkeiten der Zeit, er beharrt unbeirrbar auf unzeitgemäßen Dingen wie Heiterkeit, Sinnlichkeit, zwischenmenschlicher Wärme und Großzügigkeit. Er wirkt auf den Protagonisten des Romans, Veit Kolbe, wie ein Katalysator, also als eine Art Beschleuniger. Durch ihn wird Kolbe klar, dass es sich nicht lohn, sein einzigartiges und wertvolles Leben für eine menschenfeindliche, rassistische Ideologie zu opfern.

Marginalien:

Sprachgebrauch und Sprachverhalten

Liebe zur Musik zeigt Humanität und Emotionalität

Weltbild und innere Einstellungen

3. Schlussteil

Funktion der Figur: Katalysator für Veit Kolbe

Lore Neff

1. Einleitung

Sie ist die Mutter von Margot. Sie ist eine der drei Erzähl-stimmen des Romans, die Veit Kolbes Aufzeichnungen er-gänzen. Sie schreibt drei längere, zum Teil redundante[1] Briefe aus der hessischen Großstadt Darmstadt an ihre Tochter Margot ins ferne Salzkammergut nach Österreich, das seit 1938 an das Deutsche Reich angeschlossen war. Ihre Briefe sind in sachlich-nüchternem Ton verfasst und sie sorgen dafür, dass das Grauen Einlass im kleinen, idylli-schen Mondsee gewährt wird.

2. Hauptteil

Lore Neff hütet im Krieg das Haus der Familie allein. Ihr Mann, zu dem sie ein eher distanziertes Verhältnis pflegt, kämpft als Soldat in Metz (vgl. S. 85), ihre zweite, jüngere Tochter „Bettine schreibt aus Berlin" (S. 86), während Mar-

Emotionaler Zustand und Probleme

got am Mondsee verweilt. Diese Grundsituation wirkt be-lastend auf die Frau im mittleren Alter, denn sie muss mit den Wirren des Krieges allein klarkommen. Vor allem die drohenden Bombenangriffe der alliierten Fliegerstaffeln bereiten ihr große Sorge und hinterlassen ihre Spuren: „[...] die vielen Luftangriffe machen das Übrige. Ich bin in letzter Zeit schon ganz nervös geworden und sehe mit Angst jedem Abend entgegen." (S. 87) Da die Stadt Darm-stadt historisch betrachtet tatsächlich in der Endphase des Zweiten Weltkriegs besonders stark von Luftangriffen be-troffen war, ist es kein Wunder, dass diese Spuren in der

Kriegsmüdigkeit

Psyche Lore Neffs hinterlassen. Sie wirkt schon in ihrem ersten Brief kriegsmüde: „Hoffentlich findet der Krieg bald mal ein Ende." (S. 89)

Verhältnis zu ihren beiden Töchtern in Berlin und Mondsee

Dennoch findet sie Zeit, ihrer älteren Tochter Margot, die sie seit Monaten nicht mehr gesehen hat, Ratschläge für eine vernünftige Lebensführung zu geben. So hält sie es für keine gute Entscheidung ihrer Tochter, einen „Fremden zu

---

[1] redundant: sich wiederholend

heiraten mitten im Krieg und dann gleich ein Kind oder umgekehrt" (S. 90). Margots Ehe kam für sie übereilt und sie
hat Sorge, dass ihre Tochter Bettine in Berlin „den gleichen
Blödsinn machen" (ebd.) könnte wie Margot. Bei aller offenen und klaren Kritik, die in einfachen Worten, die sich
häufig wiederholen, geübt wird, sind die Briefe Lore Neffs
an Margot auch von glaubwürdiger mütterlicher Sorge, Liebe und Zärtlichkeit geprägt: „Und verzeih mir, dass ich dich
einige Male angefaucht habe, du kennst mich, es war nicht
böse gemeint." (S. 91) Auch wenn sie einen ereignisreichen,
von Kriegswirren geprägten Alltag hat, sehnt sie doch ihre
Tochter Margot herbei, die sie – anders als Bettine aus Berlin, die ab und an zu einem Kurzbesuch nach Darmstadt
reisen kann – seit Monaten nicht mehr gesehen hat, auch
ihr Enkelkind Lilo hat sie aus diesem Grund noch nicht zu
Gesicht bekommen. So muss sie sich vorerst mit ihrem
frustrierenden Alltag in Darmstadt zufriedengeben, der
sich seit dem 11. September 1944 – der historisch belegten
Bombennacht, die Darmstadt in Schutt und Asche legte –
noch chaotischer, absurder und menschenfeindlicher darstellt als zuvor. Als sei es das Normalste auf der Welt schildert sie, wie 17 Menschen gleichzeitig in einem einzigen
Sarg zu Grabe getragen werden müssen, „lauter Knochen
der Hausgemeinschaft" (S. 269). In einfachen, den Leser
bzw. die Leserin zum Teil schockierenden Worten versucht
die naive, aber beherzte Mutter, ihre furchtbaren Erlebnisse in Worte zu fassen, wie folgende Metapher beispielhaft
zeigt: „Das Gruseln kommt nicht aus einem raus, wenn es
Abend wird." (Ebd.)
Zu ihren Nachbarn, wenn sie denn noch nicht verstorben
sind, pflegt Lore Neff ein gutes Verhältnis. Engagiert unter-
halten sich die Darmstädter über den Fortgang des Krieges
und hoffen noch immer auf den Endsieg, ohne fanatische
Nationalsozialisten zu sein. Eher ist die Hoffnung auf einen
späten, unwahrscheinlichen militärischen Sieg verbunden

*Charakter-
eigenschaften
der Mutter:
mütterliche
Liebe, Sorge
und Zärtlichkeit*

*Wahrnehmung
der sozialen
Umwelt*

*Sprachgebrauch
und Sprach-
verhalten*

*Verhältnis
zu den
Mitmenschen*

*Innere
Einstellungen*

Fatalismus

mit einer Portion Fatalismus, die am Ende erneut in Form einer Metapher ausgedrückt wird: „Sollen wir den Krieg vielleicht aufgeben und uns nach Sibirien verfrachten lassen bei 40 Grad Kälte und Brot und heißem Wasser und Zwangsarbeit leisten bis zum Umfallen? Dann lieber tot. Wie das enden wird, wissen wir zwar nicht, aber ich erhoffe mir für meinen Teil ein gutes Ende, denn wenn wir unterliegen, ist es Essig." (S. 271) Derartige gedankliche Ausflüge in die große Politik sind in den Briefen Lore Neffs jedoch eine Ausnahme. Überwiegend teilt sie ihrer Tochter Margot ihre alltäglichen Sorgen und Nöte in einem sachlich-nüchternen, manchmal sogar schnoddrigen Ton mit: „Mit Schuhcreme ist es aus. Gibt keine mehr." (S. 272) Doch bei ihrem eigenen Befinden bleibt sie nicht stehen, sie öffnet ihren Blick oft für das Befinden ihrer fernen Tochter und formuliert anrührende Ratschläge: „Isst du weiterhin Zwiebeln? Wenn ja, bleibe dabei, sie sind gesund." (S. 279)

Hoffnung

Ihr dritter und letzter Brief gibt dem Leser bzw. der Leserin einen Einblick in die Hoffnung, die Lore Neff immer noch hat. Diese bezieht sich aber nicht mehr auf einen militärischen Sieg, sondern auf das Privatleben: „Nie fort müssen von Darmstadt, die Stadt wieder aufbauen, euch Kinder wieder im Haus, paar Enkel spielen im Garten." (S. 379)

3. Schlussteil

Insgesamt zeigen die Briefe der schlichten, aber herzensguten hessischen Hausfrau von ihrem Überdruss am Krieg. Sie sind nicht nur Ausdruck der Not und Verzweiflung, sondern sie offenbaren auch den menschenverachtenden, absurden Irrsinn des Krieges, wenn Lore Neff in sachlichnüchternem Ton davon schreibt, dass jeder überlebende Darmstädter als Ausgleich für über 20 000 Tote des verheerenden Luftangriffs vom 11. September 1944 50 Gramm Bohnenkaffee erhalte. Mit Blick auf die Figurenkonstellation des Romans erscheint ihre Figur notwendig, weil Darmstadt anders als Mondsee von den feindlichen Flugzeugen nicht nur überflogen, sondern bombardiert wird. Mit der

Figur Lore Neff kann Arno Geiger also den normalen Alltag der Menschen zeigen, die vom Bombenkrieg betroffen waren.

Kurt (Kurti) Ritler

Er ist Nannis Cousin, sechzehn Jahre alt und lebt in Wien. Er ist der Autor dreier Briefe, welche die Kolbe-Handlung unterbrechen. An seiner Figur wird deutlich, welche Folgen der Krieg für die Schülergeneration mit sich bringt, die kurz vor dem Abitur steht und hoffnungsvoll in die Zukunft blicken könnte.

1. Einleitung

Kurts erster Brief richtet sich an die an den Mondsee verschickte, 13-jährige Annemarie (Nanni) Schaller, seine Cousine, mit der er aufgewachsen ist. Die Beziehung wird von den Eltern, aber auch von der Lehrerin Grete Bildstein im Mädchenlager Schwarzindien, wo sich Nanni gegenwärtig aufhält, nicht geduldet (vgl. S. 79). Das ist auch der Grund für den privat-geheimnisvollen Ton, der seine persönlichen Liebesbriefe an Nanni prägt. So hat er Sorge, dass seine Cousine am Mondsee zu großen Ablenkungen ausgesetzt sein könnte: „Also dass du mir keinen Unfug treibst, ich möchte keine Enttäuschung erleben, bitte, vergiss deinen Kurt nicht." (S. 97) Sein erster Brief weist aber noch deutliche Spuren der Hoffnung auf, er ist optimistisch formuliert. Kurt versucht, seiner heimlichen Freundin Mut zu machen: „Du musst durchhalten, es wird alles gut werden. Und wenn es einmal arg ist, schreibe es mir, dann ist uns beiden leichter." (S. 100) Er kündigt an, Nanni an Ostern besuchen zu wollen, selbst sein strenger Vater habe die Reise genehmigt (vgl. S. 101). Im Unterschied zu Veit Kolbe, der sechs Jahre zuvor in einer ähnlichen Situation wie Kurt Ritler steckte und nach dem Notabitur direkt an die Front verschickt wurde, stecken in Kurt natur- und entwicklungsgemäß immer noch kindlich-naive Anteile: „Viele, viele Grüße

2. Hauptteil

Beziehungen

Liebe und Sorge

Pläne

Persönlichkeit

an meine schwarzindische Nanni! Einen Handkuss an die Vizekönigin von Schwarzindien […]!" (S. 101)

Innere Einstellung und Weltbild

Auch wenn er manchmal noch Kind sein kann, hat er zur großen Politik bereits eine dezidierte Meinung. So hält er den Erlass der Reichsregierung, der Frauen zwischen vierzehn und zwanzig Jahren eine einheitliche Haarlänge vorschreibt, für sinnlos. Ironisch formuliert er: „Solange die geniale Deutsche Reichsregierung solche Ideen hat, ist Deutschland nicht verloren." (S. 102)

Lebensbedingungen

Kurts Alltag in Wien wird zunehmend vom Krieg beeinflusst, sie müssen zu Hause „streng verdunkeln" (S. 103), um nicht von feindlichen Fliegern gesehen und bombardiert zu werden. Der erste Brief zeigt auch, dass der Alltag von großer Langeweile geprägt ist, er findet es „seltsam, wie viel Zeit ich vertrödle, vergeude oder verschlafe" (S. 104). Ähnlich wie Veit Kolbe empfindet er diesen Zustand als Verlust: „Diese Zeit kommt nie wieder." (Ebd.)

Sprachgebrauch und Sprachverhalten

Prägende Umstände

Der Ton, in dem Kurt seiner Liebsten Nanni schreibt, zeichnet sich durch Zärtlichkeit und Fürsorge aus: „Liebe Nanni, mein Schorsche, bist du krank?" (S. 108) Entrüstet zeigt sich der junge Mann über die Versuche der Umwelt, seine Beziehung zur Cousine zu unterbinden: „Es ist ungeheuerlich, dass deine Lehrerin meine Briefe liest und dass mir die Eltern den Kontakt mit dir verbieten." (S. 109) Doch Kurt ist entschlossen, sich „nicht mehr alles bieten" (ebd.) zu lassen.

Sorge und Pessimismus

So nimmt auch seine Sorge, der Cousine könnte etwas Schlimmes zugestoßen sein, mit dem zweiten Brief zu. Mit Nannis Verschwinden in Mondsee ändert sich auch Kurts Lebenssituation in Wien. Er wird zu einem militärischen Lehrgang eingeladen (vgl. S. 230) und ist als Mitglied der Hitler-Jugend bei den „Horchern" (S. 232) gelandet, einer militärischen Einheit, deren Aufgabe darin besteht, den Himmel nach feindlichen Geräuschen, also nahendem Flugzeuglärm, abzuhören. Ritler wird bewusst, wie schnell sich sein Leben verändert hat. Eben noch Schüler, wird er

jetzt auf schnellstmöglichem Wege zu einem Soldaten ge-
trimmt, der seinem Vaterland zu dienen hat: „Die Schule
klingt langsam aus." (S. 243) Von Euphorie und Kriegsbegeisterung keine Spur, wie Kurt metaphorisch klarmacht:
„Die schöne Welt geht kaputt, liebe Nanni, vorbei, und
morgen vielleicht der nächste Angriff." (S. 236) Die sich verschärfende Krisensituation sorgt jedoch für etwas häusli-   Beziehung und
che Entspannung, Kurt nähert sich seiner Mutter emotio-   Liebe
nal wieder etwas an: „Mir fehlt die Nanni so wie dir." (S. 238)
Er verspürt große Sehnsucht nach seiner Cousine, über
deren Verbleib er keinerlei Informationen erhält. Der junge
Mann flüchtet sich aus der harten Realität in eine umso
schönere Fantasiewelt: „Ich male mir dein Nachhausekom-
men immer so schön aus, wie du anläutest, und ich mache
auf und du fällst mir gleich um den Hals." (S. 239)
Doch auch Kurt fühlt, dass die Chancen auf ein spätes   Entwicklung:
Glück immer geringer werden. Er wird verbitterter und an-   Verbitterung
klagender im Ton: „Ich versteh die ganze Geschichte nicht.
Ich versteh nicht, was ihr von mir und Nanni wollt." (S. 244)
Hoffnungslos-fatalistisch zeigt sich Ritler in seinem dritten
und letzten Brief, der sich an seinen Freund Ferdl richtet
und in dem Wissen formuliert ist, dass Nanni beim Berg-
steigen in der Drachenwand tödlich verunglückt ist. Der
Tod seiner Freundin hat Ritlers Lebenswillen gebrochen:
„[…] ich bin schon so stumpf, dass mir alles egal ist."
(S. 385) Er schildert den harten, rücksichtslosen Drill seiner
Vorgesetzten in der Kaserne, wo er mit seinen Kameraden
einigen Schikanen ausgesetzt ist (vgl. S. 387). Dies trägt dazu bei, dass Ritler alles mit sich machen lässt, er sieht in
seinem Leben mit dem Tode Nannis keinen Sinn mehr: „In
allem muss ich kapitulieren, es ist sehr traurig." (S. 389) Damit wird er zu einer den Krieg anklagenden Stimme der Jugend: „Das sind die Träume des Rekruten Kurt Ritler, aus-
gemaltes Glück, das sich nicht leben lässt." (S. 390)

Die Entwicklung des jungen Rekruten Kurt Ritler

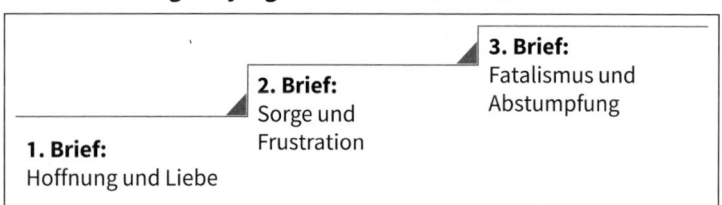

3. Brief:
Fatalismus und
Abstumpfung

2. Brief:
Sorge und
Frustration

1. Brief:
Hoffnung und Liebe

Begegnung mit Veit Kolbe
Zu seiner Begegnung mit Veit Kolbe, der ihn in seiner Kaserne aufsucht, um ihm seine an Nanni adressierten Briefe zurückzubringen, fallen ihm – anders als Veit Kolbe selbst – nur wenige Worte ein. Er scheint von seinen Erlebnissen völlig abgestumpft zu sein und merkt selbst, dass der Zustand der Hoffnungslosigkeit „nicht mehr so weh" (S. 397) tut. Er hat sich einen emotionalen Schutzpanzer zugelegt.

Tod
Kurt Ritler überlebt im Gegensatz zu Veit Kolbe den Krieg nicht. Er wird – wie der Herausgeber am Ende des Romans informiert – am 21. April 1945, also nur wenige Tage vor Kriegsende am 8. Mai, bei einem Fliegerangriff sehr schwer verwundet und stirbt an den Folgen des Blutverlustes.

3. Schlussteil
Mit der Figur Kurt Ritler erhält die Jugend im Roman „Unter der Drachenwand" eine Stimme. Während Veit Kolbe als 24-jähriger, fronterfahrener Soldat das junge Erwachsenenalter repräsentiert, steht der junge Rekrut Kurt Ritler für die Schülergeneration, die am Ende des Krieges ihrer Lebenschancen beraubt wird, indem sie dem überlegenen Gegner als „Kanonenfutter" vorgeworfen wird. Ritler kann über die Sinnlosigkeit des Krieges, der ihn aller Lebenschancen beraubt, noch nicht in der Weise reflektieren, wie es Veit Kolbe tut. Er erscheint am Ende als chancenloses Opfer der Vernichtungsmaschinerie des Krieges, sein sinnloser Tod ist da fast zwangsläufig.

Oskar Meyer

Oskar Meyer ist diejenige Erzählstimme des Romans „Unter der Drachenwand", die am wenigsten mit der Kolbe-Handlung verbunden ist. Der jüdische Zahntechniker aus Wien kommt in Form von drei Briefen, die den Überlebenskampf seiner Familie beschreiben, zu Wort. Mit seiner Figur erhält der Holocaust, also die systematische und organisierte Ermordung von sechs Millionen europäischer Juden, Einlass in die Romanhandlung.

1. Einleitung

Figur des Holocaust

Im ersten Brief an seine Cousine Jeannette in England beschreibt Kolbe, wie sich das Leben seiner Familie in Wien unter nationalsozialistischer Herrschaft zu ihren Ungunsten verändert hat. Seine Frau Wally müsse nun den zweiten Vornamen Sarah, er den Namen Israel annehmen, um auf den ersten Blick als Jude erkennbar zu sein. Die Familie wird unmissverständlich aufgefordert, ihre Wohnung zu räumen und die Möbelstücke zu verkaufen. Von den Nachbarn in der Possingergasse (vgl. S. 113), in der auch Veit Kolbe seine Wiener Zeit verbracht hat, erhält er keine Unterstützung. Meyer muss mit seiner Frau Wally und dem Sohn Georgili nach einer neuen Bleibe suchen, der zweite Sohn Bernili geht auf ein Internat in England.

2. Hauptteil
Brief an Cousine in England

Lebensbedingungen in Wien

Meyer beschreibt, wie sich das normale Leben in Wien, das auf die Ankunft des Krieges wartet, für Juden verändert: „Gestern wurde ich auf der Straße angespuckt." (S. 116) Das Leben gestaltet sich ob der zunehmenden Drangsalierungen „sehr mühsam" (S. 117), sodass die Familie damit rechnet, Wien über kurz oder lang verlassen zu müssen: „Die Auswanderung betreiben wir weiter, aber weiterhin widerwillig." (Ebd.) Oskar glaubt immer noch daran, dass sich die Verhältnisse wieder bessern und ein menschenwürdiges Leben in Wien wieder möglich werden wird: „Von einem bestimmten Punkt an wird man uns wieder in Ruhe lassen." (S. 118) Diese Hoffnung ist auch der Grund dafür,

Diskriminierungen der Juden im Alltag

Innere Einstellung: Hoffnung auf Besserung und Glaube an das Gute dass der Zahntechniker das berufliche Angebot, für einige Jahre nach Accra, der Hauptstadt der Goldküste in Westafrika, ablehnt (vgl. S. 121). Als alle Juden in Wien gezwungen werden, „sichtbar einen gelben Stern" (S. 123) zu tragen, entscheidet sich die Familie, „dieses dreckige Leben" (S. 124) in ihrer aller Geburtsstadt hinter sich zu lassen und aus Wien zu flüchten. Die Wahl fällt auf das ungarische Budapest, wo bereits Oskars Bruder in einem Elendsquartier wohnt. Insgesamt macht der erste Brief Meyers Mut, sich den Herausforderungen des Lebens zu stellen, deutlich.

Der zweite Brief (vgl. S. 245–263) Oskar Meyers beschreibt das neue Leben der Familie in der neuen Wahlheimat Budapest. Die Stimmung verbessert sich zunächst gravierend, Meyers Frau Wally wirkt erstmals seit langer Zeit wieder „glücklich" (S. 246), das Paar macht bereits hoffnungsvoll „Pläne für die Zukunft" (S. 247). Auch Georgili tollt zur Freude seines Vaters endlich wieder mit anderen Kinder herum (vgl. ebd.). Aus dem englischen Bath, wo das zweite Kind Bernili zur Schule geht, erreichen die Familie ebenfalls positive Nachrichten. Am 29. Februar 1944 – die Familie ist bereits für zwei Jahre und drei Monate in Budapest – schreibt Oskar Meyer allerdings in einem völlig anderen psychischen Zustand. Sein Sohn ist seit sieben Wochen im Krankenhaus, er leidet unter Scharlach. Der um das Überleben seiner Familie besorgte Vater und Ehemann arbeitet für kurze Zeit als Nachtwächter in einer Papierfabrik, eine Verletzung beendet diese kurze Episode jedoch bald. Deutlich wird Meyers Aufopferungsbereitschaft und Entschlossenheit, alles zu tun, um das Überleben seiner Lieben zu sichern. Entscheidend für die negative Entwicklung ist jedoch der Einmarsch der deutschen Wehrmacht in Ungarn, denn „jetzt geht es hier von vorne los" (S. 250). Meyer muss verbittert erkennen, dass es doch ein Fehler war, „nach Budapest zu kommen" (S. 251). Schnell ändern sich die Lebensbedingungen in der ungarischen Hauptstadt, in der

Marginalien: Flucht nach Ungarn · Leben unter erschwerten Bedingungen in Budapest · Krankheit des Sohnes · Aufopferungsbereitschaft Meyers · Einmarsch der Wehrmacht · Verbitterung und Enttäuschung

man sich als Jude kaum noch „gefahrlos" (S. 252) bewegen kann, sodass es für Meyer bald klar ist, dass es nur noch darum gehen kann, „die liebe Wally und den lieben Georgili von Budapest wegzubringen [...]" (ebd.). Sein ganzer Tagesablauf richtet sich nun auf dieses eine Ziel, er wandert auf der Suche nach Hilfe durch die Stadt, holt Erkundigungen ein, verdient Geld und lässt sich von Juden beraten (vgl. ebd.). Die Gerüchte, die Deutschen würden Juden in Konzentrationslagern vergasen, kann Meyer nicht glauben (vgl. S. 254). Für den menschenunwürdigen Umgang mit den Juden findet er allerdings klare Worte in Form einer Akkumulation, die Auskunft gibt über seine Enttäuschung und zunehmende Hoffnungslosigkeit: „Ein heimatloser Flüchtling, ein heimat- und staatenloser Mensch, unter falschem Namen, mit falschen Papieren, mit falschem Blut, in der falschen Zeit, im falschen Leben, in der falschen Welt." (S. 256) Um der drohenden Deportation zu entkommen, beschließen Meyer und Wally, „nach Rumänien zu gehen" (S. 257). Am Sonntag, den 16. Juli 1944, bringt Wally Georgili in die Sonntagsschule. Doch beide kehren nicht zurück: „Das war unser Abschied." (S. 259) Meyer ist völlig verzweifelt über das plötzliche, unerklärliche Verschwinden der vermutlich verhafteten und deportierten Familie. Eine Personifikation gibt Auskunft über seine Verbitterung und Aufgabe: „Es regnet, ich bin erschöpft, ganz bestürzt, dass mich das Leben so in die Ecke tritt." (S. 261) Er macht sich „Selbstvorwürfe" (S. 262), dass er nicht besser auf Frau und Kind aufgepasst hat.

In den letzten Monaten seines Lebens hat Meyer noch etwas Hoffnung, Wally und Georgili könnten sich „aufs Land geflüchtet" (S. 404) haben, diese Hoffnung hält ihn ebenso am Leben wie das Gerücht, dass die Deutschen militärisch unter Druck geraten. Weil sich die Lebensbedingungen für Juden in Ungarn als „Eingepferchtsein" (S. 408) entpuppen, er sein Leben als trist und „zermürbend" (S. 409) emp-

Gerüchte über Ermordung der Juden

Sprache: Klarheit in der Diagnose, Emotionalität im Ausdruck

Verschwinden Wallys und Georgilis

Selbstvorwürfe

Lebensende

findet, meldet Meyer sich schließlich für einen Transport mit Freiwilligen, die für Erdarbeiten zum Anlegen einer Schanze eingesetzt werden sollen. Der Transport durch die SS erfolgt in „geschlossenen Viehwaggons" (S. 413) und Meyer wird schnell klar, dass er sich auf einem Todesmarsch befindet. Er gibt sich über den Fortgang seines Lebens keine Illusionen mehr hin, einzig das Halstuch von Wally, das er immer in Erinnerung an seine geliebte Frau bei sich trägt, gibt ihm noch Kraft.

Symbol: Halstuch

In der Nähe von Hainburg enden Meyers Aufzeichnungen mit einem letzten, ergreifenden Gruß an seine Lieben (vgl. S. 418).

Oskar Meyer wird – wie der Leser bzw. die Leserin durch den Herausgeber am Ende des Romans erfährt – während eines Transports in Richtung KZ Mauthausen im März 1945 ermordet. Seine vom Hunger gezeichnete Leiche wird in die Donau geworfen. Wally und ihr Sohn Georgili sterben bereits 1944 im Vernichtungslager Auschwitz.

Tod im KZ

Mit der Figur Oskar Meyer wird der kleine Erzählhorizont Veit Kolbes, der im österreichischen Salzkammergut hinter der Front lebt, aufgebrochen und um das grausame Verbrechen des Holocaust erweitert. Meyers bestürzende Briefe tragen dazu bei, dass die deutschsprachigen Opfergruppen des vorletzten Kriegsjahres nahezu vollständig vertreten sind und der Leser bzw. die Leserin nicht den Eindruck erhält, es hätte sich in der Endphase des Zweiten Weltkriegs im Deutschen Reich doch ganz gut leben lassen. Kann der Leser bzw. die Leserin bei Kolbes Genesung an einigen Stellen noch schmunzeln über seine intelligente Art, mit den alltäglichen Bösartigkeiten seiner Vermieterin umzugehen, steht er doch fassungslos und voller Mitleid vor dem Schicksal der Familie Meyer. Oskars tieftraurige Briefe, die keinen Adressaten mehr finden können, zerreißen einem das Herz.

3. Schlussteil

Johann Kolbe

Johann Kolbe ist der Onkel von Veit Kolbe väterlicherseits. Er ist Postenkommandant in Mondsee, nimmt also etwa die Position des Dorfpolizisten ein. Natürlich ist er Mitglied der NSDAP[1] und ein treuer Anhänger des deutschen Faschismus.

1. Einleitung

Johann Kolbe ist der Grund dafür, dass es seinen Neffen Veit aus Wien nach Mondsee zieht, in „eine friedlichere Welt" (S. 29). Veit ist dankbar dafür, dass sein Onkel ihm bei der Zimmersuche in seiner neuen Heimat behilflich ist (vgl. S. 30). Veit hat seinen Onkel seit über zehn Jahren nicht mehr gesehen. Daher ist er überrascht, wie grau und dicklich dieser über die Jahre geworden ist. Dass er seit über vierzig Jahren „unbarmherzig rauchte" (S. 36), kann man sowohl an seinem Husten erkennen als auch an der unreinen Haut (vgl. ebd.). Johann Kolbe ist überaus erfreut über die Geschenke, die ihm sein Neffe aus Wien mitbringt, insbesondere die Zigaretten und der gute Wein haben es ihm angetan. In einem ersten Willkommensgespräch, das er im Dienstzimmer führt, zeigt sich Veits Onkel durchaus interessiert an seiner Verwandtschaft. Er versucht, seinen Neffen auf seine Seite zu ziehen, indem er diesem beifallheischend pornografische Fotografien zeigt und sich nach dessen Leben an der Front in Russland erkundigt. Bevor Veit sich kritisch über den Krieg und die deutschen Ziele äußern kann, unterbricht ihn sein Onkel und wechselt das Thema (vgl. S. 37). Gerne redet er darüber, wie schwer er es selbst hat, ist aber andererseits auch sofort engagiert, als er merkt, dass sein Neffe einen funktionsfähigen Ofen benötigt. Weitere private Gespräche, z. B. über die Trennung von seiner Frau, führen dazu, dass sich Veit und Johann im Laufe der Zeit oberflächlich näherkommen.

2. Hauptteil

Verwandtschaftsverhältnisse

Aussehen und Gesundheit

Kommunikationsverhalten

---

[1] NSDAP: Nationalsozialistische Deutsche Arbeiterpartei (= antisemitische, nationalistische, antidemokratische Partei Adolf Hitlers)

Beruflicher Alltag

Seinen Aufgaben als Polizist kommt Veits Onkel mehr schlecht als recht nach. So muss er Kontrollgänge „zur Durchsetzung der Verdunkelungsbestimmungen" (S. 149) durchführen und angezeigte polizeiliche Ermittlungen stellt er nach Möglichkeit sofort ein, „ohne sie je begonnen zu haben" (S. 149). Auch das Verschwinden der Veit Kolbe am Herzen liegenden Nanni Schaller löst beim Onkel keine echte Aktivität aus. Während im Umfeld des Mädchens große Angst vor einem tragischen Unglück oder gar Verbrechen herrscht, hat sich Johann Kolbe schnell seine beruhigende Meinung gebildet: „Das Mädchen Annemarie Schaller ist davongelaufen." (S. 153) Weitere Nachforschungen, die mit echter Arbeit einhergingen, muss er aufgrund dieser vorschnellen Analyse des Falls nicht anstellen. So kann er weiter gemütlich seinen Naturspaziergängen und dem leidenschaftlichen Rauchen nachgehen. Geht in Veits Beisein doch einmal ein telefonischer Befehl einer übergeordneten Behörde bei ihm ein, bellt er „ein lakaienhaftes ‚Zu Befehl!'"(S. 169) in den Hörer. Veit missfällt zudem die hemmungslose Neugier, mit der sein Onkel die Briefe Kurt Ritlers an seine Cousine Nanni liest und dabei jeden Respekt vor Intimität und Privatheit vermissen lässt.

Verhalten und Interesse: Trägheit und Zigaretten

Kritikpunkte

Entwicklung

Im Verlauf des Jahres wird Johann Kolbe schwer krank, er leidet unter einem Emphysem, einer krankhaften Aufblähung von Organen durch Luft oder Fäulnisgase. Die Krankheit fesselt Johann Kolbe für drei Wochen ans Bett, er verliert 18 Kilo und sieht – so sein Neffe – danach schlecht aus (vgl. S. 284). Veit bringt ihm daher zwecks Regeneration Obst und Gemüse aus dem Gewächshaus des Brasilianers mit, doch lieber wäre dem starken Raucher eine Packung Zigaretten. Von diesem Laster möchte er auch in schweren Zeiten nicht lassen, wie er Veit wehleidig und den Tränen nahe wissen lässt (vgl. S. 305).

Verhaftung des Brasilianers

Als Veit seinem Onkel von seiner erneuten Einberufung berichtet, kündigt dieser vielsagend und geheimnisvoll eine anstehende Verhaftung an. Als der junge Soldat merkt, dass es sich dabei um die Verhaftung seines Freundes, des flüchtigen Brasilianers, handelt, besorgt er sich eine Pistole und sucht den Gasthof in Schwarzindien auf, in dem sein Onkel bereits „voller Tatendrang" (S. 361) die polizeiliche Vernehmung des Brasilianers vornimmt. Veit zögert angesichts zahlreicher „Schäbigkeiten des Onkels" nicht, diesen zu erschießen und so seinem Freund die erneute Flucht zu ermöglichen.

Veit erschießt seinen eigenen Onkel

Johann Kolbe ist eine Nebenfigur im Roman. Obwohl er als Parteimitglied ein treuer Anhänger des NS-Regimes ist, ist er dennoch nicht als ein bösartiger Charakter einzuschätzen. Der Leser bzw. die Leserin wie auch Veit Kolbe selbst mögen die gutmütige und bedächtige Art, mit der Johann Kolbe den Krieg zu überleben versucht. Andererseits kann man seinen Opportunismus, Egoismus und seinen Hang zur Selbstverliebtheit kritisieren. Seine Figur stellt demnach einen gemischten Charakter dar; er ist kein Vorbild, aber auch nicht die Verkörperung des absolut Bösen.

3. Schlussteil

Opportunismus, Egoismus und Selbstverliebtheit
Gemischter Charakter

Annemarie (Nanni) Schaller

Annemarie Schaller ist ein 13-jähriges Mädchen aus dem Mädchenlager Schwarzindien nahe Mondsee. Wie Hunderttausende anderer Mädchen wurde sie von ihren besorgten Eltern im Zuge der sog. Landverschickung aus der Großstadt Wien aufs Land geschickt, um dort vor den drohenden Luftangriffen der Alliierten Schutz zu suchen.

1. Einleitung

Sie hat wuscheliges, dunkelblondes Haar und auffallend große, neugierige Augen, die Veit Kolbe als herausfordernd und spöttisch charakterisiert (vgl. S. 321).

2. Hauptteil

Unter den vielen jungen, aufgeregten Mädchen, denen der Protagonist des Romans, Veit Kolbe, begegnet, fällt ihm Nanni sofort ins Auge. Das Mädchen hat „etwas Anziehendes" und „ungemein Selbstbewusstes" (S. 64) an sich, sie

Wirkung auf andere Menschen

Beziehungen

schaut schon bei ihrer ersten Begegnung Veit Kolbe herausfordernd und voller Neugier an (vgl. ebd.). Von der Lehrerin Grete Bildstein erfährt Kolbe, dass Nanni eine verbotene Brieffreundschaft mit ihrem Cousin Kurt Ritler pflegt, in den sie leidenschaftlich verliebt ist. Als Kolbe am Ufer des Mondsees einen seiner anfangs zahlreichen Angstanfälle hat, steht Nanni plötzlich besorgt neben ihm und erkundigt sich nach seinem Wohlergehen. Ganz natürlich, achtsam und hellwach für die seelisch-körperliche Not ihres Mitmenschen, nimmt sie Veits Hand und spricht in beinahe mütterlichem Ton mit dem Soldaten: „Es ist alles gut" (S. 140). Als sie von Kolbe erfährt, dass seine Anfälle „[v]on der Angst" (ebd.) kämen, rät sie ihm anrührend zum Konsum von Traubenzucker, denn „Traubenzucker beruhigt" (S. 141). Von Kolbe auf ihre unglückliche Liebschaft zu ihrem Cousin angesprochen, öffnet sie diesem redselig ihr Herz: „Ich bin verliebt." (Ebd.) Voller Eifer und mit roten Flecken auf den Wangen bittet sie den Fremden in durchaus forderndem Ton, für sie einen Brief an ihre strenge Mutter zu schreiben und darin um Verständnis für Nannis Liebe zu ihrem Cousin zu werben. Kolbe lehnt ab, ist aber beeindruckt davon, „dass ein so brutal eingeschüchtertes Kind die Kraft besaß, weiterhin seine Interessen zu vertreten" (S. 143). Kolbe zeigt sich regelrecht fasziniert von dem Mädchen, das authentisch, völlig frei und „ohne Berechnung" (ebd.) auftritt.

Verhaltensweisen und innere Einstellung

Wesensmerkmale und Charakterzüge

Auch sonst stromert die Dreizehnjährige aufmüpfig, voller Grazie und jugendlicher Kraft durch das Dorf Mondsee, obwohl sie und ihre Freundinnen in dem Mädchenausbildungslager gedrillt werden. Ihr nur wenige Jahre älterer Freund Kurt schreibt ihr Briefe, auf die sie verliebt antwortet.

Würdevolles und graziöses Auftreten

Kurz vor Ostern 1944 verschwindet Nanni Schaller plötzlich unbemerkt aus dem Mädchenlager Schwarzindien. Das Gerücht, sie sei mit ihrem Cousin aus Wien davongelaufen,

Verschwinden Nannis

entpuppt sich schnell als unzutreffend (vgl. S. 150). In ihren zurückgelassenen Sachen findet sich ein Zettel, auf den sie „So bin ich am ganzen Leib ich, so bin ich und so bleibe ich, yes, Sir!" (S. 151) geschrieben hat. Einmal mehr wird ihr Kampf um die Verwirklichung eigener Wünsche und Ziele deutlich, auf die sie als junger Mensch Anspruch erhebt. Die angestrengte Suche nach ihr bleibt zunächst ohne Erfolg, sodass Veits Onkel Johann in aller Ruhe davon ausgeht, sie sei mit ihrem Freund davongelaufen und würde schon wieder auftauchen (vgl. S. 209). Erst Monate später wird die Leiche des jungen Mädchens von Bergsteigern in der Drachenwand gefunden. Offenbar ist sie beim Versuch, den steilen Berg zu erklimmen, abgestürzt und verunglückt. Ihr Unfalltod löst bei Veit Kolbe ein Gefühl der Beklemmung und Scham aus, da er sich daran erinnert, wie er Nannis Wunsch nach Hilfe abgelehnt hatte. Kolbe erinnert sich an das einerseits unvernünftige Mädchen, das aber andererseits gerade dadurch „etwas Selbstbestimmtes" (S. 320) ausdrückte.

Tödliches Kletterunglück in der Drachenwand

Nanni Schaller ist eine der bedeutendsten Nebenfiguren des Romans. Wie Veit Kolbe auch will das junge Mädchen ihren Anspruch auf ein eigenes, selbstbestimmtes Leben realisieren und den gesellschaftlich-totalitären, aber auch den familiären Zwängen entfliehen. Charakterstark und individuell besteht sie auf der Verwirklichung ihrer Liebe zu ihrem Kurti und lässt sich auch nicht davon unterkriegen, dass ihre Eltern ihre romantische Liebesbeziehung zum Cousin autoritär unterbinden.

3. Schlussteil

Vorbild an Selbstbestimmung und Identität

Der Blick auf den Text:
Die Analyse eines Erzähltextes

Einen Romanauszug analysieren – Tipps und Techniken

Bevor Sie im Rahmen einer Textanalyse (Beschreibung und Deutung eines Textes) mit dem Schreiben beginnen, empfehlen sich die nachfolgend aufgeführten Vorarbeiten. Für die Analyse eines Textauszugs stehen grundsätzlich zwei verschiedene Methoden zur Auswahl: die Linearanalyse und die aspektgeleitete Analyse.

In der **Linearanalyse** werden die einzelnen Abschnitte systematisch analysiert, d.h. ihrer Reihenfolge nach. Dies führt in der Regel zu genauen und detaillierten Ergebnissen. Allerdings besteht die Gefahr, dass zu kleinschrittig gearbeitet wird und die übergeordneten Deutungsaspekte des Auszugs aus dem Blick geraten.

In der **aspektgeleiteten Analyse** werden diese Deutungsschwerpunkte von vornherein festgelegt. Daraus ergibt sich in der Regel eine problemorientierte und zielgerichtete Vorgehensweise. Dabei werden die Deutungsaspekte, die nicht im Fokus des Interesses stehen, vernachlässigt. Häufig ist dies bei Aufgaben der Fall, bei denen Sie zwei Texte miteinander vergleichen müssen.

Möglich sind auch Mischformen beider Analyseformen, indem z. B. inhaltlich streng linear vorgegangen wird, danach aber besonders relevante Aspekte wie z. B. die auffällige Erzähltechnik intensiver behandelt werden.

In beiden Fällen ist es im Rahmen Ihrer Textanalyse hilfreich, folgende Fragen für sich zu beantworten:

- Wo liegt der Konflikt, das Problem?
- Wie verläuft die Handlung, wie ist der Text aufgebaut? Gibt es eine Entwicklung, einen Spannungsbo-

gen? Kann man zwischen einer Haupt- und Nebenhandlung unterscheiden?

- Wodurch zeichnet sich der Charakter der Figuren aus?
- Welche Beziehung besteht zwischen den Figuren?
- Welche Atmosphäre herrscht vor? Wo spielt die Handlung? Kommt dem Handlungsort evtl. symbolische Bedeutung zu?
- Gibt es Auffälligkeiten in Syntax (Satzbau) und Wortwahl? Kommen rhetorische Mittel oder bildhafte Ausdrücke, wie z. B. Metaphern oder Alliterationen, zum Einsatz? Welche Wirkung wird dadurch erzielt? Ist der Stil des Textes eher gehoben oder alltagssprachlich?
- Welche Erzählperspektiven kommen vor (Innen- und Außensicht)? Welchen Erzählstandort nimmt der Erzähler ein (Distanz oder Nähe)? Welches Erzählverhalten (personal, neutral, auktorial) liegt vor? Welche Erzählform hat der Autor/die Autorin gewählt (Ich-Erzählung, Er-/Sie-Erzählung)? Welche besonderen Formen der Redewiedergabe fallen auf (Erzählerbericht, erlebte Rede, direkte oder indirekte Rede, innerer Monolog, Bewusstseinsstrom)?
- Welche Bedeutung hat der Titel? In welchem Zusammenhang stehen Titel und Erzähltes?

Aufbauschema

1. Einleitung:
Themensatz: Autor/Autorin, Titel, Textsorte, Erscheinungs-jahr, Inhalt/Thema

2. Einordnung des Textauszugs in den Roman:
Was geschieht vorher, was danach?

Linearanalyse   *aspektgeleitete Analyse*

3. Inhaltlicher Aufbau:
- Auflistung der Textabschnitte, Textgliederung

3. Untersuchungsschwer-punkte:
- Auflistung der ausgewählten Untersuchungsaspekte

4. Beschreibung und Deutung der unter 3. angegebenen Text-abschnitte:
- Aussagen zum Inhalt des Abschnitts
- Aussagen zur Deutung, Einbettung in den Zusammenhang des Romans
- Einbezug der sprach-lichen Gestaltung
- Überleitung zum nächsten Textabschnitt

4. Beschreibung und Deutung der unter 3. angegebenen Aspekte:
- Benennen des jeweiligen Aspekts
- Aussagen zur Deutung, Einbettung in den Zusammenhang des Romans
- Einbezug der sprach-lichen Gestaltung

5. Schluss:
- Zusammenfassung der Ergebnisse
- Einordnung in einen größeren Zusammenhang
- Bewertung, ggf. Aktualisierung

Beispielanalyse: Der Romananfang „Im Himmel, ganz oben ..." (linear)

Aufgabe: Analysieren Sie die Exposition des Romans „Unter der Drachenwand" von Arno Geiger. Gehen Sie dabei auch auf sprachliche und erzählerische Gestaltungsmittel ein.
(Textgrundlage: S. 7, Z. 1 – S. 11, Z. 2: „Im Himmel, ganz oben, konnte ich einige ziehende Wolken erkennen [...]" – „[...] findet sie eine Fortsetzung.")

Der vorliegende Textauszug stammt aus dem 2018 erschienenen Antikriegsroman „Unter der Drachenwand" des österreichischen Autors Arno Geiger. In dem Roman geht es um einen jungen Soldaten, der nach fünf Jahren ununterbrochenen Kämpfens an der Front des Zweiten Weltkriegs so schwer verletzt wird, dass er für ein ganzes Jahr in einen Genesungsurlaub im Salzkammergut am Mondsee geschickt wird. Der Auszug stellt den Romananfang dar und thematisiert den Moment, in dem sein Protagonist Veit Kolbe nach einer Kriegsverletzung erwacht und sich vergegenwärtigt, dass er immer noch am Leben ist.

Der Romanauszug lässt sich gut in zwei Sinnabschnitte unterteilen: Der erste informiert darüber, was mit dem Protagonisten Veit Kolbe am Tage seiner Verwundung passiert (vgl. S. 7, Z. 1 – S. 9, Z. 7). Mit Glück und Verstand gelingt es dem Soldaten, die schweren Verletzungen zu überleben und sich behandeln zu lassen. Darüber ist er überaus froh. Der zweite Abschnitt beschreibt, wie nach zwei Tagen ein Konvoi mit den Kranken und Kriegsverletzten aus den Kampfgebieten in der Ukraine zurück in den Westen startet. Die Reise im Lazarettzug erweist sich als beschwerlich, aber Kolbe hat noch genug Kraft und Überlebenswillen, um auch mit dieser Herausforderung fertigzuwerden (vgl. S. 9, Z. 8 – S. 11, Z. 2).

Randspalte:
Einleitung mit ersten Informationen

Inhalt/Thema

Hauptteil
Inhaltlicher Aufbau

Kurze Inhaltsangabe

Deutung des ersten Sinnabschnitts: S. 7, Z. 1 – S. 9, Z. 7

Schon der erste Satz geht sofort in medias res und holt den Leser bzw. die Leserin ohne einleitende Worte direkt ins Geschehen. Ein Ich-Erzähler, der sich später als der 24-jährige Wehrmachtssoldat Veit Kolbe vorstellen wird, wacht auf dem Schlachtfeld an der Ostfront schwer verletzt auf und realisiert seinen Zustand, als er feststellt, das er „doppelt sah" (S. 7). Kolbe schmerzen sämtliche Knochen, er leidet unter einer Rippenfellreizung, er hat seinen Geruchssinn verloren, blutende Wunden durch Granatsplitter am ganzen Körper. Um nicht zu verbluten, lässt er sich notdürftig von einem Sanitäter verbinden. Der Soldat ist überrascht davon, wie viel ihm sein Überleben noch bedeutet, was er mithilfe einer rhetorischen Frage deutlich werden lässt: „Was kann es Besseres geben, als am Leben zu bleiben?" (S. 8) Schon auf diesen ersten Seiten des Romans wird Kolbes Einstellung zum Krieg deutlich, mit der er nach fünf Jahren ununterbrochenen Kampfes an der Ostfront nicht hinter dem Berg hält. So personifiziert er schon zu Beginn den Krieg, der sich gegenüber dem Einzelnen rücksichtslos und gleichgültig verhalte: „So hatte mich der Krieg auch diesmal zur Seite geschleudert." (S. 7) Der Krieg wird wie eine Maschine dargestellt, die niemals stillsteht, das Leid des einzelnen Menschen nicht beachtet und dabei keine Auskunft über die Sinnhaftigkeit des Ganzen zulässt. Er hat sich 1944 längst verselbstständigt: „Und der Krieg arbeitete sich weiter, für die einen nach vorn, für die anderen nach hinten, aber immer in der unverständlichsten Raserei." (S. 8) Auch als der stark blutende Verletzte am Hauptverbandplatz notdürftig behandelt wird, kann der Soldat die Eindrücke nicht verarbeiten. Es wirkt, als stehe er neben sich: „Ich schaute beim Vernähen zu, erneut mit größter Verwunderung." (Ebd.) Als Kolbe sich umblickt, sieht er weitere Kriegsopfer. Ein Arzt schafft es auch im fünften Versuch nicht, sich in einer Operationspause eine Zigarette anzuzünden, kann nur wenige Wortfetzen von

Überraschung über das eigene Überleben

Sprache

Krieg als rücksichtslose Vernichtungsmaschinerie

sich geben, um dann „zwischen den blutigen Liegen" (S. 9) davonzutaumeln. Der Leser bzw. die Leserin merkt: Auch die Wissenschaft ist ohnmächtig gegenüber der Grausamkeit des Krieges.

Auch im zweiten Sinnabschnitt ist daher kein Bedauern zu verspüren, als es nach zwei Tagen zur Abreise aus dem Kriegsgebiet kommt. Kolbe beschreibt detailliert, wie beschwerlich und langsam die Rückreise „mit unserer Karre" (ebd.) vonstattengeht. Starker Schneefall erschwert die Fahrt ebenso wie feindliche Flugzeuge, vor denen die Verwundeten regelmäßig Schutz suchen müssen. Schließlich geht die Reise in einem Lazarettzug weiter. Die Reise nach Prag dauert fünf Tage, dann folgen zwei weitere Tage bis ins Saarland, dem Ziel der Reise. Dieser Abschnitt ist erzählperspektivisch von Bedeutung, denn der Tagebuchschreiber Veit Kolbe erzählt hier nahezu ausschließlich aus der Innensicht, weil für den äußeren Betrachter für die Dauer von fünf Tagen nichts Neues zu vermelden ist. In Form eines inneren Monologs informiert Kolbe über seine Überlebensstrategie: „Schlafen, schlafen, schlafen. Schmerzen?" (S. 10) Weil Kolbe seine Erlebnisse nicht für eine weitere Person verfasst, sondern in seinem Tagebuch nur die eigenen Erlebnisse festhalten und auf diese Weise verarbeiten will, kommt der (heimliche) Leser bzw. die (heimliche) Leserin dieser Ich-Erzählung dem Verfasser emotional sehr nah, der Erzählstandort ist also von großer Nähe geprägt: „Immerhin bin ich kein schwerer Fall." (Ebd.) Durch akustische Verben versucht Kolbe, seinen inneren Zustand auszudrücken: „[…] alles in meinem Kopf dröhnt und summt." (Ebd.) Weil die Eindrücke sehr intensiv und vielfältig sind, versucht der Tagebuchschreiber, sie mithilfe einer Akkumulation auszudrücken: „Das Wimmern, das Stöhnen, der Geruch der unzureichend versorgten Wunden, der Geruch der verschmutzten Körper." (Ebd.) Doch Kolbe bleibt bei der bloßen Wiedergabe seiner (Sinnes-)

Marginalien:

Deutung des zweiten Sinnabschnitts: S. 9, Z. 8 – S. 11, Z. 2

Ort der Handlung

Erzählperspektive

Innerer Monolog

Erzählstandort

Wortfeld und Sprache

Charakteristisches Merkmal: Veit Kolbe ist ein Analytiker

Eindrücke im Detail nicht stehen. Wie auch im gesamten Roman versucht er schon zu diesem frühen Zeitpunkt, die einzelnen Bilder zu einem großen Ganzen zusammenzufügen und sie zu deuten: „Das alles vermischte sich zu etwas, das für mich eine Essenz von Krieg ist." (Ebd.) Der Textauszug endet damit, dass Kolbe auffällt, wie mitteilungsbedürftig alle verletzten Reisenden in dem Zug sind, „jeder versuchte, seine Geschichte loszuwerden" (ebd.). Und auch hier belässt es Kolbe nicht bei der bloßen Feststellung, sondern deutet seine Beobachtung sofort: „Vielleicht, wenn man die eigene Geschichte erzählt, findet sie eine Fortsetzung." (S. 11)

Hoffnung

Schluss

Zusammenfassung

Insgesamt zieht der Romananfang den Leser bzw. die Leserin sofort in seinen Bann, weil er auf eine längere Einleitung in epischer Form verzichtet. Der Leser bzw. die Leserin der Ich-Erzählung wird – bedingt durch die Innensicht, den Standort, das personale Erzählverhalten und die gewählte Darbietung des Geschehens durch den inneren Monolog des Soldaten – quasi direkt neben den Protagonisten auf das Schlachtfeld geworfen. Dem Handlungsort kommt im Romanverlauf eine symbolische Bedeutung zu, denn Kolbe verlässt an dieser Stelle der Exposition für ein Jahr die Bühne des Krieges – die vorderste Front –, um sich nun in der scheinbaren Idylle des Salzkammerguts am Mondsee zu regenerieren. Ob und auf welche Weise ihm dieser Versuch gelingt, davon erzählt der Roman „Unter der Drachenwand" des österreichischen Autors Arno Geiger.

Symbolische Bedeutung

Einordnung in einen größeren Kontext

Textauszüge vergleichen – Tipps und Techniken

Neben der klassischen Textanalyse, deren Vorgehensweise und mögliche Ausgestaltung Sie im vorigen Abschnitt kennengelernt haben, wird im Unterricht der gymnasialen Oberstufe häufig auch ein Textvergleich eingefordert. Zumeist werden dabei zwei kleinere Textauszüge angeboten, die inhaltlich und/oder formal miteinander zu vergleichen sind. Je nach Aufgabenstellung erhalten Sie entweder konkrete Hinweise, auf welche Vergleichsaspekte man besonders achten soll, oder die Aufgabenstellung ist offen formuliert, sodass es die Aufgabe des Interpreten ist, diese notwendigen Vergleichsaspekte zu erarbeiten. Der in der Oberstufe und im Abitur häufig anzutreffende Aufgabentyp, der den Vergleich ohne genaue Hinweise auf Vergleichsaspekte einfordert, ähnelt der Aufgabe der **aspektgeleiteten Textanalyse**. Das ist deshalb von Bedeutung, weil es für den Interpreten schon allein aus Zeitgründen unmöglich ist, auf sämtliche Details einzugehen. Dies ist auch zumeist nicht sinnvoll, da nicht allen die gleiche Bedeutung zukommt. Bei den Vorarbeiten kommt es also darauf an, die wesentlichen formalen wie inhaltlichen Aspekte und Kriterien zu identifizieren, bei denen sich ein Vergleich lohnt bzw. die durch die Aufgabenstellung eingefordert werden.

Arbeitsschritte und Vorarbeiten

Vor dem Verfassen des Textvergleichs sind folgende Arbeitsschritte empfehlenswert:

1. Erstes Lesen beider Texte, erste Leseeindrücke notieren
2. Erneutes, zweites und gründlicheres Lesen, dabei Texte mit Markierungen, Unterstreichungen und Randbemerkungen versehen
3. Reflexion: Beim Betrachten Ihrer Markierungen, die sich sowohl auf inhaltliche als auch auf formale Besonderheiten beziehen können, suchen Sie jetzt nach geeigneten Kriterien, anhand derer sich ein Textvergleich durchführen lassen könnte.
4. Machen Sie sich klar, worin die Gemeinsamkeiten und Unterschiede in den Aussagen bestehen, welche die beiden Texte zu den von Ihnen ausgewählten Aspekten machen. Ob Ihr Vergleichskriterium trägt, finden Sie am bes-

ten heraus, wenn Sie dazu eine Tabelle anlegen und in dieser stichpunktartig die Vergleichsergebnisse notieren:

Vergleichsaspekt	Text A	Text B
Figuren		
Sprache + Syntax		
Handlung		
(Leit-)Motive		
Thema		
…		

5. Formulieren Sie nun Ihren Aufsatz mit Einleitung, Hauptteil und Schluss. Achten Sie darauf, dass Sie zu Beginn des Hauptteils beide Texte kurz inhaltlich zusammenfassen, bevor es zum aspektgeleiteten Vergleich kommt. Ansonsten können Sie sich an den Hinweisen zum linear-analytischen Aufsatz (vgl. S. 164 ff.) orientieren.

Beispielanalyse: Textvergleich (aspektgeleitet)

Aufgabe: Vergleichen Sie den Textauszug, der Veit Kolbes Situation in seinem Elternhaus zu Beginn der Romanhandlung wiedergibt (S. 23, Z. 21 – S. 25, Z. 10), mit seiner Situation am Ende (S. 468, Z. 1 – S. 470, Z. 9) u. a. im Hinblick auf den psychisch-seelischen Zustand des Protagonisten.

Einleitung   Die beiden vorliegenden Textauszüge stammen aus Arno Geigers Antikriegsroman „Unter der Drachenwand", der
Romanthema   2018 erschienen ist und die Geschichte des 24-jährigen Wehrmachtssoldaten Veit Kolbe erzählt, der am Ende des Zweiten Weltkriegs so stark verwundet wird, dass er ein knappes Jahr Genesungsurlaub erhält, um sich von seinen

Verletzungen an Leib und Seele zu regenerieren. Der erste Textauszug entstammt dem zweiten Kapitel des Romans und spielt noch ganz am Anfang der Handlung. Veit Kolbe ist in sein Wiener Elternhaus zurückgekehrt und hat große Probleme damit, den Eltern von seinen Erfahrungen an der Front zu berichten. Der zweite Textauszug ist dem Romanende entnommen und stammt aus dem vorletzten Kapitel des Romans. Der Auszug beschreibt die letzten Augenblicke, die der Soldat mit seiner Freundin Margot und deren Kind verbringt, bevor er wieder zurück an die Kriegsfront reisen muss. *(Nennung der Textauszüge)*

Thematisch geht es in beiden Auszügen um die Art und Weise, wie Veit Kolbe mit den Körper und Seele verheerenden Kriegserfahrungen umgeht; das eine Mal direkt und unmittelbar im Anschluss an eine schwere Kriegsverletzung, die ihm beinahe das Leben gekostet hätte, das andere Mal nach einem ganzen Jahr, in dem er Zeit hatte, das Geschehen zu reflektieren und sich eine neue Lebensperspektive mit der jungen Mutter Margot aus Darmstadt aufzubauen. Im Rahmen eines Textvergleichs ist die Frage zu klären, was beide Auszüge damit zu tun haben bzw. was sie verbindet oder unterscheidet und welche Rolle sie für die Gesamtaussage des Romans spielen. *(Thema der Textauszüge)* *(Arbeitsfrage)*

Der erste Textauszug beschreibt zu Beginn, wie der Ich-Erzähler versucht, seinen neugierigen Eltern aus dem Weg zu gehen, die ihm lauter Fragen über das Kriegsgeschehen stellen, deren Beantwortung Kolbe jedoch eher verstören. So zieht er sich in sein Zimmer zurück, das sich seit seinem Einzug zum Militär vor über fünf Jahren kaum verändert hat. Doch Kolbe weigert sich, in die noch bereitliegenden Schulbücher zu gucken, antriebslos und fast depressiv liegt er auf dem Bett und lässt seinen Gedanken freien Lauf. Zuerst erinnert er sich an die Pläne, die er unmittelbar nach seinem Schulabschluss hatte: Kolbe wollte ein Studium an einer Technischen Hochschule aufnehmen, das ihm heute *(Hauptteil)* *(Gegliederte Inhaltsangabe: Textauszug I)*

Unabhängigkeit von und Souveränität gegenüber seinem dominanten und NS-freundlichen Vater garantieren würde. Im weiteren Verlauf kommt es zu einer Selbstdiagnose: Kolbe merkt, dass mit ihm etwas nicht stimmt, als er die vielen alten Familienbilder im Haus ansieht, auf denen auch er vertreten ist. Doch er hält ihre Aussage für verlogen und falsch, denn an seiner statt hätten in den letzten Jahren nur die Bilder am Familienleben teilgenommen, er jedoch am Krieg. Den Blick auf eine Zimmerpflanze nimmt Kolbe zum Anlass, über die Probleme seiner Schwester zu reflektieren, die diese angesichts ihrer schweren Erkrankung sicher gehabt haben dürfte. Kolbe ist traurig darüber, dass er sich diese Frage damals noch nicht gestellt hat. Er trauert der verpassten Chance hinterher und macht sich Selbstvorwürfe. Kolbe wird noch selbstkritischer: Während Hilde etwas mit ihrem Leben anzufangen gewusst hätte, starre er nur ziellos auf seine Hände und läge antriebslos in seinem Bett. Der junge Kriegsverletzte empfindet Reue, Leid und Scham darüber, dass er mit seinem Leben nichts anzufangen weiß.

Gegliederte Inhaltsangabe: Textauszug II

Dem zweiten Textauszug geht die Entscheidung Margots und Veits voraus, ihre Zimmer bei der bösartigen Quartierfrau Trude Dohm aufzugeben und eine neue Bleibe zu suchen. Diese Suche ist schnell von Erfolg gekrönt, Margot kommt sofort über einer Metzgerei unter, in der sie auch Arbeit findet. Unmittelbar zu Beginn des Auszugs überkommt Kolbe eine weitere Panikattacke. Der unter einem Posttraumatischen Belastungssyndrom als Folge seiner Kriegserfahrungen leidende Soldat bemerkt mitten im Gespräch mit Margot und dem Fleischer, dass er einen Anfall bekommt. Doch Kolbe kann die Angst kontrollieren. Später muss er sich zur Erholung auf das Bett legen und Margot dabei zusehen, wie sie ihre Koffer packt. Am Ende beschreibt er die Ankunft in Margots neuer Wohnung. Als Kolbe in das neue Heim tritt, spürt er voller Hoffnung, dass damit ein neuer Lebensabschnitt beginnt. Obwohl in der neuen Bleibe noch Chaos herrscht, fühlt Kolbe sich glücklich und geborgen. Er übersieht die Mängel und sieht in die Zukunft. Er macht Pläne, wie es nach seiner Rückkehr aus dem Krieg weitergehen könnte.

Mit Blick auf die Gemeinsamkeiten der beiden Textauszüge lässt sich sagen, dass Kolbe sich jeweils in sozialen Kontexten bewegt: Im ersten Auszug befindet er sich in seinem Elternhaus. Hier überkommen ihn Erinnerungen an seine Vergangenheit. Im zweiten Auszug befindet er sich mit Margot in deren neuer Bleibe. Beim Vorstellungsgespräch mit dem Vermieter überkommen ihn die Erinnerungen an sein altes Leben als Soldat bzw. Bruder Hildes in Form einer gefürchteten Panik- oder auch Angstattacke, die seinen Körper ganz in ihren Besitz nimmt und den jungen Soldaten kontrolliert. In beiden Abschnitten geht es um die Gedanken und Gefühle Kolbes in der jeweiligen Situation. Es dominiert also – wie im gesamten Roman auch – die Innensicht.

Das führt auch schon direkt zu den wesentlichen Unterschieden zwischen beiden Textabschnitten, die insgesamt doch überwiegen. Denn der junge Veit Kolbe in seinem Wiener Kinderzimmer ist völlig ausgelaugt, kraftlos und ohne Antrieb, was durch die folgende Metapher deutlich wird: „[…] stattdessen lag ich auf dem Bett ohne Antrieb, ein abgenagtes Stück Herz." (S. 23) Kolbe kann nur zurückblicken. Was er dabei sieht, muss er bedauern: das verpasste Familienleben, das durch veraltete Fotos an den Wänden symbolisiert wird, oder auch die notwendigen Gespräche mit seiner erkrankten Schwester Hilde, die er vor ihrem Tod mit ihr hätte führen müssen (vgl. S. 24). Kolbe blickt zurück und macht sich in Form einer rhetorischen Frage Selbstvorwürfe: „Warum habe ich sie nicht gefragt?" (Ebd.) Der junge Soldat beschäftigt sich also mit seiner Vergangenheit. Mit seinem gegenwärtigen Leben kommt Kolbe überhaupt

(Randnotizen:)

Vergleichsaspekt: Handlung und Thema

Gemeinsamkeiten: Erinnerungen an die Vergangenheit

Vergleichsaspekt: Innensicht

Unterschiede

Vergleichsaspekt: psychischseelische Gesundheit Kolbes I

Metaphorik: Leere und Ausgeliefert-Sein

Rhetorische Frage: Selbstvorwürfe

nicht zurecht, wie er sich selbst vorwirft: „Ich, der ich leben darf, weiß damit nichts anzufangen." (S. 25) Kolbe spürt, dass er etwas ändern müsste, um wieder glücklich zu werden, weiß jedoch nicht, auf welche Weise dies möglich werden könnte. Ihm fehlt zu Beginn des Romans jede Strategie: „Aber wie soll ich es ändern? Wie soll ich mich ändern?" (Ebd.) Diese erneuten rhetorischen Fragen machen einmal mehr deutlich, dass Kolbe über keine Antworten für sie verfügt. Das sorgt für schlechte Aussichten und macht ihn depressiv. Er ist nicht nur körperlich verletzt, sondern auch ein psychisches Wrack, das dringend der Erholung bedarf. Ganz anders ein knappes Jahr später. Kolbe hat in seinem Jahr am Mondsee den Brasilianer kennen- und schätzen gelernt. Er hat auf langen Spaziergängen in der idyllischen Natur über sein Leben nachgedacht und diese Gedanken in seinem Tagebuch zu Papier gebracht. Jetzt steht er mit seiner neuen Freundin Margot vor dem Vermieter der neuen Wohnung. Ausgerechnet in diesem Moment überkommt ihn ein weiterer Angstanfall, der vor einem Jahr noch zu Schweißausbrüchen, Zittern und Blackouts geführt hätte. Zwar empfindet der junge Mann auch dieses Mal Angst, spürt jedoch, dass er durch die Anwesenheit des geliebten Menschen in seiner Angst „nicht allein" (S. 468) ist, was ihm das Durchstehen des Anfalls wesentlich erleichtert. Während Kolbe im ersten Auszug von Selbstvorwürfen geplagt, schlecht gelaunt und perspektivlos auf seinem Bett im Elternhaus liegt, steht ein Jahr später ein gereifter Mann mit seiner Lebenspartnerin in einer fremden Wohnung, um diese anzumieten und ein neues Leben zu beginnen. Das verändert sogar unter einer Panikattacke Kolbes Gemütszustand so sehr, dass er „wie eine Glühbirne" (ebd.) zu summen beginnt.

Der Vergleich macht deutlich, dass Kolbe wieder zu neuem Leben erwacht ist. Um in der Bildlichkeit der rhetorischen Figur zu bleiben: Während der Krieg Kolbes Glühbirne im

(Marginalien am linken Rand:)

Am Text belegen

Vergleichsaspekt: psychisch-seelische Gesundheit Kolbes II

Souveräner Umgang mit der Angst

Vergleich

Deutung: Entwicklung des Protagonisten

ersten Textauszug noch ausgeknipst hat, hat die Aussicht auf ein neues, selbstbestimmtes Leben mit Margot dafür gesorgt, dass die Glühbirne wieder angeschaltet wird. Das nun vorhandene Licht zeigt ihm einen möglichen Weg aus dem Dilemma seines Lebens. Die neue Lebensperspektive sorgt für ein Hochgefühl bei Veit Kolbe. Nicht verschwiegen werden darf jedoch, dass die psychische Stabilität (noch) nicht von Dauer ist. Zurück in der alten Wohnung muss sich Kolbe zuerst wie ein alter Mann auf das Bett legen und sich erholen. Doch auch dieses Zwischentief geht vorbei. Als er später mit Margot in der neu angemieteten Wohnung steht, findet der eifrige Tagebuchschreiber und Ich-Erzähler eine **Ich-Erzähler** passende Metapher für die qualitativ neue Situation: „In dem Moment, in dem ich durch die Tür trat, spürte ich, dass ich mich von etwas losgerissen hatte und endlich ein eigenes Leben besaß." (S. 469) Kolbe hat sein ganzes Leben darunter gelitten, dass er in den letzten fünf Jahren des ununterbrochenen Kampfes keine Möglichkeiten für die Verwirklichung eigener Träume und Wünsche gesehen hatte. Das ist nun völlig anders. Die neue Wohnung steht symbolisch für ein neues Leben, das er als Individuum gemeinsam **Vergleichs-** mit Margot realisieren möchte. Sie bietet Geborgenheit **aspekt:** und Schutz – all das, was Kolbe ein Jahr zuvor auf seinem **Ort/Symbolik** Kinderbett in der elterlichen Wohnung in Wien noch vollkommen fehlte. Er hat im Gegensatz zum ersten Textauszug nun eine neue Perspektive gewonnen und weiß etwas mit seinem Leben anzufangen. Dies sieht man gut am aller- **Syntax: Finalsatz** letzten Satz des zweiten Textauszugs, der final zu verstehen ist. Er verdeutlicht Kolbes neu gewonnene Fähigkeit, das Leben zu planen und zu gestalten: „Wenn alles vorbei ist, komme hierher zurück." (S. 470)
Zusammenfassend lässt sich sagen, dass der Vergleich bei- **Schluss** der Textauszüge verdeutlicht, wie sehr sich Veit Kolbes psy- **Zusammen-** chischer Zustand verändert hat. Zu Beginn kann man ihn **fassung der** als emotionales Wrack bezeichnen, das sich über die Rück- **Ergebnisse**

kehr in den sicheren Schoß der Wiener Familie nicht freuen kann. Er ist depressiv, antriebs- und perspektivlos. Kolbe plagt ein schlechtes Gewissen. Ganz anders ein Jahr später. Hier befindet er sich im Kreis seiner neuen Familie, gemeinsam mit Margot und deren Kleinkind Lilo begutachtet er eine neue Wohnung. Deren Anmietung sorgt dafür, dass er hoffnungsvoll in die Zukunft blicken kann. Die Zweisamkeit mit Margot, ihre Liebe und Unterstützung entpuppen sich als der entscheidende Rückhalt, der den jungen Soldaten selbst bei einem Angstanfall stützt. Hat Kolbe noch ein Jahr zuvor auf die Panikattacken mit der NS-Wunderdroge Pervitin reagiert, verzichtet er nun auf die fragwürdige Selbstmedikation, die ihn letztlich in die Abhängigkeit geführt hat. Nun ist er in der Lage, sich selbst aus dem Tief zu ziehen. Souverän und strategisch – er summt – kann er die Attacke beherrschen, während er sich vorher noch von seiner Krankheit beherrschen ließ. Er gewinnt Autonomie und Kraft aus der neuen Lebensperspektive. Der alles verschlingenden Vernichtungsmaschinerie des Krieges hat er nun etwas Stärkeres entgegenzusetzen. Obwohl er zurück an die Front beordert wird, kann er sich auf ein „eigenes Leben" (S. 469) freuen. So ist die Emanzipation von der großen Politik, der sich zu Kriegszeiten alle Menschen zu unterwerfen haben, geglückt. Am Ende des Romans „Unter der Drachenwand" siegt das Private über das Politische.

Der alte Veit Kolbe: Angst, Panik und Drogenabhängigkeit

Der neue Veit Kolbe: Mut, Kraft und Selbstbestimmung

Primat des Privaten über das Politische

Der Blick auf die Prüfung: Themenfelder

Dieses Kapitel dient der unmittelbaren Vorbereitung auf die Prüfung: Schulaufgabe bzw. Klausur oder schriftliche oder mündliche Abiturprüfung. Die wichtigsten Themenfelder werden in einer übersichtlichen grafischen Form dargestellt. Am Ende findet sich eine Liste mit Internetadressen und Literaturangaben, auf deren Basis eine inhaltlich vertiefende Arbeit möglich ist.

Die schematischen Übersichten können dazu genutzt werden,

- die wesentlichen Deutungsaspekte des Romans kurz vor der Prüfungssituation im Überblick zu wiederholen,
- die Kerngedanken des Romans noch einmal selbstständig zu durchdenken und
- mögliche Verständnislücken nachzuarbeiten.

Zum Verständnis der Schemata ist die Kenntnis der vorangegangenen Kapitel unerlässlich. Die folgenden Schwerpunktsetzungen beruhen auf Erfahrungen aus jahrelanger Prüfungspraxis. Die Übersicht V (Vergleichsmöglichkeiten mit anderen literarischen Werken, S. 184) soll als Anregung dienen, um den eigenen Lektürekanon auf interessante Vergleichspunkte abzuklopfen.

Übersicht I: Was ist das für ein Roman? – Die Gattungsfrage

Arno Geigers Roman „Unter der Drachenwand" als …

… Gesellschaftsroman:

- Darstellung zeitgenössischer Zustände und gesellschaftlicher Entwicklungen
- Voraussetzung: differenzierte Gesellschaft mit funktionalen Teilsystemen, die jeweils sozialen Ansprüchen (Imperativen) folgen
- Interesse: epochale Umstrukturierungen

… Liebesroman

- zentrales Romanthema: die Liebe zwischen zwei Figuren
- wiederholte Problematik: Liebe als Gegengewicht zu gesellschaftlich-ökonomischen Kräften, Liebe über Standesgrenzen hinweg, Liebe als utopisch-verändernde Kraft

… Antikriegsroman:

- Krieg als Hintergrundkulisse
- Verzicht auf Verherrlichung des Krieges
- Betonung der Sinnlosigkeit, Grausamkeit und Inhumanität des Krieges
- historischer Hintergrund: Zweiter Weltkrieg (Zeit: 1944)

… Entwicklungsroman:

- Darstellung der geistig-seelischen Entwicklung des Protagonisten in Auseinandersetzung mit sich und der soz. Umwelt
- Schildern des psych. Reifeprozesses des Helden, der seine Erlebnisse u. Erfahrungen reflektierend verarbeitet
- Unterstützung im Entwicklungsprozess durch Helferfiguren und Begleiter:
  a) der Freund (Brasilianer)
  b) die Liebende (Margot)

Übersicht II: Charakterprofil Veit Kolbes

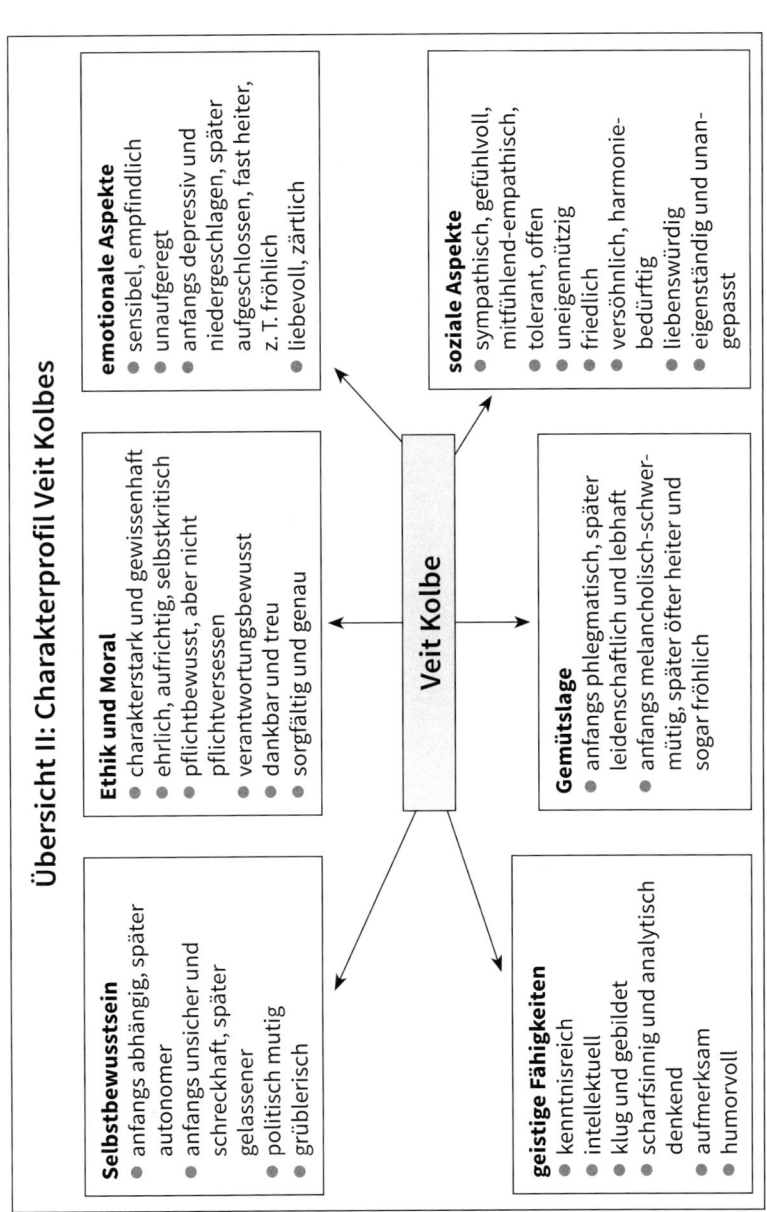

Veit Kolbe

Selbstbewusstsein
- anfangs abhängig, später autonomer
- anfangs unsicher und schreckhaft, später gelassener
- politisch mutig
- grüblerisch

Ethik und Moral
- charakterstark und gewissenhaft
- ehrlich, aufrichtig, selbstkritisch
- pflichtbewusst, aber nicht pflichtversessen
- verantwortungsbewusst
- dankbar und treu
- sorgfältig und genau

emotionale Aspekte
- sensibel, empfindlich
- unaufgeregt
- anfangs depressiv und niedergeschlagen, später aufgeschlossen, fast heiter, z. T. fröhlich
- liebevoll, zärtlich

geistige Fähigkeiten
- kenntnisreich
- intellektuell
- klug und gebildet
- scharfsinnig und analytisch denkend
- aufmerksam
- humorvoll

Gemütslage
- anfangs phlegmatisch, später leidenschaftlich und lebhaft
- anfangs melancholisch-schwermütig, später öfter heiter und sogar fröhlich

soziale Aspekte
- sympathisch, gefühlvoll, mitfühlend-empathisch,
- tolerant, offen
- uneigennützig
- friedlich
- versöhnlich, harmoniebedürftig
- liebenswürdig
- eigenständig und unangepasst

Übersicht III: Die Sprache Veit Kolbes

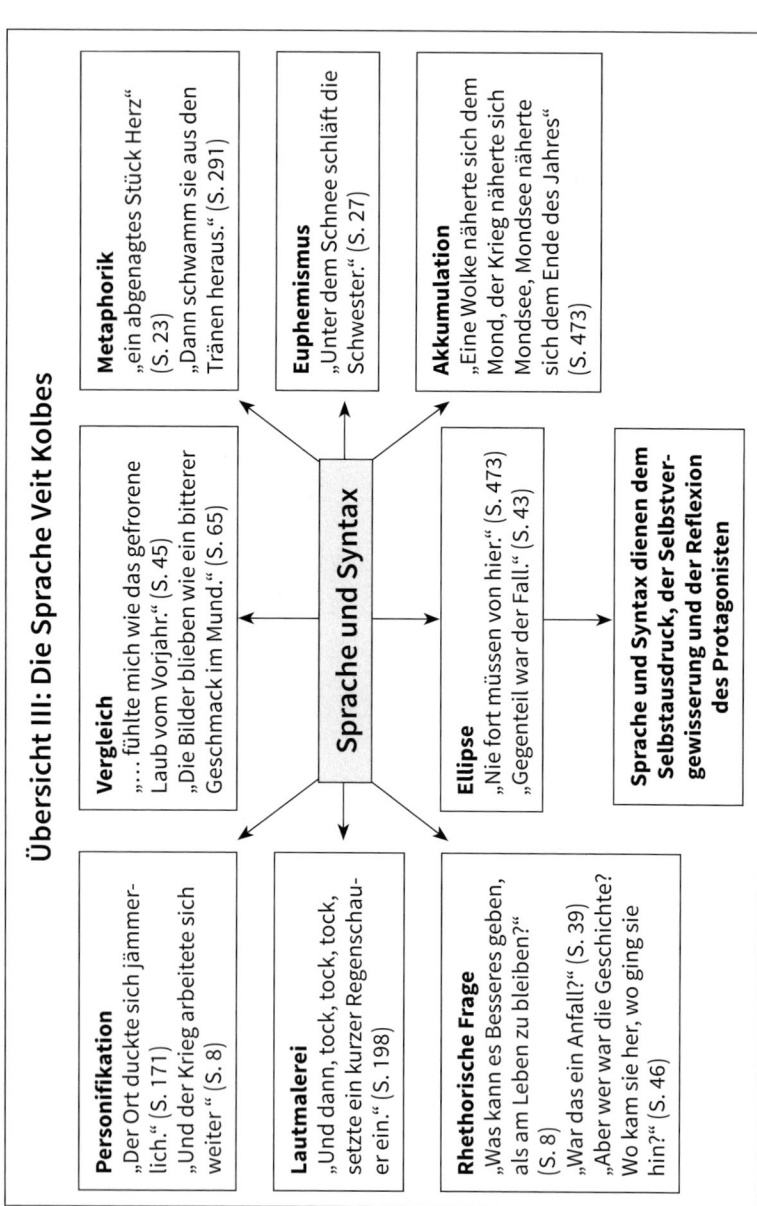

Sprache und Syntax

Metaphorik
„ein abgenagtes Stück Herz" (S. 23)
„Dann schwamm sie aus den Tränen heraus." (S. 291)

Euphemismus
„Unter dem Schnee schläft die Schwester." (S. 27)

Akkumulation
„Eine Wolke näherte sich dem Mond, der Krieg näherte sich Mondsee, Mondsee näherte sich dem Ende des Jahres" (S. 473)

Vergleich
„... fühlte mich wie das gefrorene Laub vom Vorjahr." (S. 45)
„Die Bilder blieben wie ein bitterer Geschmack im Mund." (S. 65)

Ellipse
„Nie fort müssen von hier." (S. 473)
„Gegenteil war der Fall." (S. 43)

Sprache und Syntax dienen dem Selbstausdruck, der Selbstvergewisserung und der Reflexion des Protagonisten

Personifikation
„Der Ort duckte sich jämmerlich." (S. 171)
„Und der Krieg arbeitete sich weiter" (S. 8)

Lautmalerei
„Und dann, tock, tock, tock, setzte ein kurzer Regenschauer ein." (S. 198)

Rhethorische Frage
„Was kann es Besseres geben, als am Leben zu bleiben?" (S. 8)
„War das ein Anfall?" (S. 39)
„Aber wer war die Geschichte? Wo kam sie her, wo ging sie hin?" (S. 46)

Übersicht IV: Untersuchungsaspekte – Motive des Romans

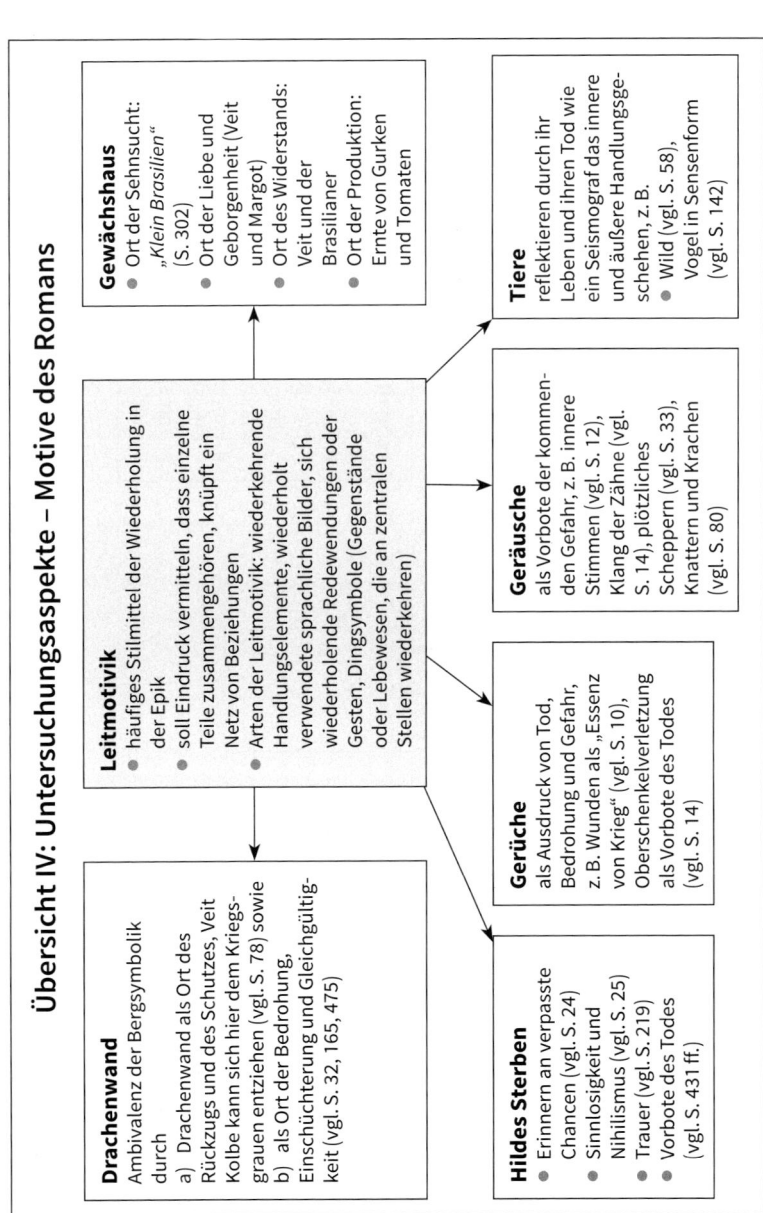

Drachenwand

Ambivalenz der Bergsymbolik durch

a) Drachenwand als Ort des Rückzugs und des Schutzes, Veit Kolbe kann sich hier dem Kriegsgrauen entziehen (vgl. S. 78) sowie

b) als Ort der Bedrohung, Einschüchterung und Gleichgültigkeit (vgl. S. 32, 165, 475)

Leitmotivik

- häufiges Stilmittel der Wiederholung in der Epik
- soll Eindruck vermitteln, dass einzelne Teile zusammengehören, knüpft ein Netz von Beziehungen
- Arten der Leitmotivik: wiederkehrende Handlungselemente, wiederholt verwendete sprachliche Bilder, sich wiederholende Redewendungen oder Gesten, Dingsymbole (Gegenstände oder Lebewesen, die an zentralen Stellen wiederkehren)

Gewächshaus

- Ort der Sehnsucht: „Klein Brasilien" (S. 302)
- Ort der Liebe und Geborgenheit (Veit und Margot)
- Ort des Widerstands: Veit und der Brasilianer
- Ort der Produktion: Ernte von Gurken und Tomaten

Tiere

reflektieren durch ihr Leben und ihren Tod wie ein Seismograf das innere und äußere Handlungsgeschehen, z. B.

- Wild (vgl. S. 58), Vogel in Sensenform (vgl. S. 142)

Geräusche

als Vorbote der kommenden Gefahr, z. B. innere Stimmen (vgl. S. 12), Klang der Zähne (vgl. S. 14), plötzliches Scheppern (vgl. S. 33), Knattern und Krachen (vgl. S. 80)

Gerüche

als Ausdruck von Tod, Bedrohung und Gefahr, z. B. Wunden als „Essenz von Krieg" (vgl. S. 10), Oberschenkelverletzung als Vorbote des Todes (vgl. S. 14)

Hildes Sterben

- Erinnern an verpasste Chancen (vgl. S. 24)
- Sinnlosigkeit und Nihilismus (vgl. S. 25)
- Trauer (vgl. S. 219)
- Vorbote des Todes (vgl. S. 431 ff.)

Übersicht V: Vergleichsmöglichkeiten mit anderen literarischen Werken

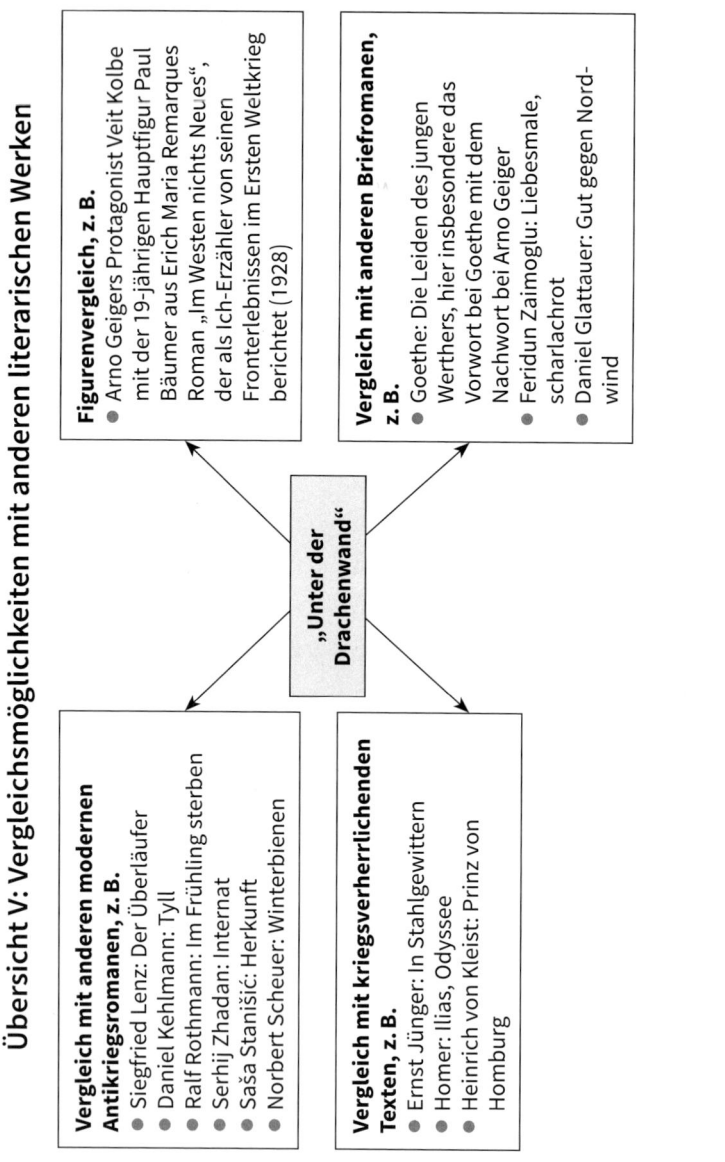

„Unter der Drachenwand"

Figurenvergleich, z. B.
- Arno Geigers Protagonist Veit Kolbe mit der 19-jährigen Hauptfigur Paul Bäumer aus Erich Maria Remarques Roman „Im Westen nichts Neues", der als Ich-Erzähler von seinen Fronterlebnissen im Ersten Weltkrieg berichtet (1928)

Vergleich mit anderen Briefromanen, z. B.
- Goethe: Die Leiden des jungen Werthers, hier insbesondere das Vorwort bei Goethe mit dem Nachwort bei Arno Geiger
- Feridun Zaimoglu: Liebesmale, scharlachrot
- Daniel Glattauer: Gut gegen Nordwind

Vergleich mit anderen modernen Antikriegsromanen, z. B.
- Siegfried Lenz: Der Überläufer
- Daniel Kehlmann: Tyll
- Ralf Rothmann: Im Frühling sterben
- Serhij Zhadan: Internat
- Saša Stanišić: Herkunft
- Norbert Scheuer: Winterbienen

Vergleich mit kriegsverherrlichenden Texten, z. B.
- Ernst Jünger: In Stahlgewittern
- Homer: Ilias, Odyssee
- Heinrich von Kleist: Prinz von Homburg

Internetadressen

Unter diesen Internetadressen kann man sich zusätzlich informieren:

www.literaturport.de/Arno.Geiger/
(Kurzinformationen zu Leben und Werk)

https://de.wikipedia.org/wiki/Arno_Geiger
(Kurzinformationen zu Leben und Werk)

www.dieterwunderlich.de/geiger-unter-drachenwand.
htm
(Kurzinformationen zum Roman und seinen Figuren, nur als erster Zugang geeignet)

(10.08.2020)

Literatur

Textausgabe
Arno Geiger: Unter der Drachenwand. dtv: München 2019, 480 Seiten

Sekundärliteratur (Rezensionen)
Bartels, Gerrit: Mit den Augen der Toten. In: Der Tagesspiegel, 08.01.2018
Fessmann, Meike: In der Schutzblase. In: Süddeutsche Zeitung, 09.01.2018
Jandl, Paul: Die Firma Blut und Boden ist geschäftstüchtig. In: Neue Zürcher Zeitung, 06.01.2018
Platthaus, Andreas: Keine Hoffnung ohne Horror. In: Frankfurter Allgemeine Zeitung, 12.01.2018
Radisch, Iris: Stimmen des Krieges. In: DIE ZEIT 3/2018 (10.01.2018)
von Sternburg, Judith: So muss sich das damals angefühlt haben. In: Frankfurter Rundschau, 08.01.2018

Notizen

Notizen

Notizen